Über 175 nostalgische Fotos und Ansichtskarten, die hier zum größten Teil erstmals veröffentlicht werden, entführen den Leser in das Venedig Thomas Manns.
Der »Literaturdetektiv« Reinhard Pabst folgt den Spuren des Dichters durch die Lagunenstadt und zu den Originalschauplätzen der Erzählung *Der Tod in Venedig*. Wie einst Gustav von Aschenbach, der Held der Novelle, kann sich der Leser im luxuriösen »Grand Hôtel des Bains« auf dem Lido ergehen, das mondäne Badeleben genießen und sich dem »Vergnügen an den Bildern eines soignierten Strandes« hingeben, an dem sich auch Arthur Schnitzler, Peter Altenberg, Karl Kraus, Georg Trakl und viele andere tummelten.
Ein einzigartiges Buch über eine vergangene, faszinierende Epoche.

Reinhard Pabst, geboren 1963, lebt als freier kulturhistorischer Autor in Bad Camberg. Er studierte Germanistik, Musikwissenschaft und Philosophie, war einer der Kuratoren der Ausstellung »Georg Büchner 1813-1837. Revolutionär, Dichter, Wissenschaftler« (1987/88) und u.a. Ko-Autor des Bandes »Georg Büchner an ›Hund‹ und ›Kater‹. Unbekannte Briefe des Exils« (1993). Im Insel Verlag erschien 2003 der von ihm herausgegebene Band: »Theodor W. Adorno: Kindheit in Amorbach. Bilder und Erinnerungen« (it 2923). »… diese exemplarische Vergegenwärtigung sucht ihresgleichen. Ein Juwel der Bebilderung von intellektuellen Anfängen.« (Rüdiger Bubner, Philosophische Rundschau)

insel taschenbuch 3097

Reinhard Pabst

Thomas Mann in Venedig

1. Thomas Mann um 1911, mit eigenhändiger Unterschrift.

Thomas Mann in Venedig

Eine Spurensuche

Mit zeitgenössischen Fotografien
Von Reinhard Pabst

Insel Verlag

... tu sei la fiaba estrema ...
(per Ilona)

insel taschenbuch 3097
Originalausgabe
Erste Auflage 2004

Quellen- und Bildnachweise am Schluß des Bandes
Vertrieb durch den Suhrkamp Taschenbuch Verlag
Umschlag nach Entwürfen von Willy Fleckhaus
Druck: Memminger MedienCentrum AG
Printed in Germany
ISBN 3-458-34797-6

1 2 3 4 5 6 – 09 08 07 06 05 04

Inhalt

2. Die Säulen von San Marco und San Teodoro auf der Piazzetta, vom Dogenpalast (Palazzo Ducale) aus gesehen. Foto, um 1900.
August von Platen, der als Lyriker Thomas Manns »Herzen am nächsten stand« (Erika Mann), verglich dieses Wahrzeichen der Lagunenstadt mit einer Schwelle (»Sonette aus Venedig«, 1825).
Venedig ist der Schwellenort schlechthin: zwischen Land und Meer, zwischen Okzident und Orient. Nicht von ungefähr sind Schwellen – und ihre Übertretung – ein Leitmotiv der Erzählung »Der Tod in Venedig«.

Venedig, wie es im Buche steht

»Jede Stadt ist ein Seelenzustand, und kaum hat man sie betreten, so teilt sich dieser Zustand mit und geht in uns über […].«
Georges Rodenbach: »Bruges-la-Morte«, 1892 (deutsch: »Das tote Brügge«, 1903)

»Es ist eine schwebende Beziehungsmelancholie ohnegleichen, die sich für gewisse Gemüter mit dem Namen Venedig verbindet, voller Heimatlichkeit, – […] ich hätte […] starkes Herzklopfen, wenn ich wieder einmal dort wäre.«
Thomas Mann: Brief an seine Kinder Erika und Klaus, 25. Mai 1932

Er habe die Erzählung »Der Tod in Venedig« in der Stadt gelesen, »die ihr den […] Titel gegeben hat«, schrieb 1913 beglückt einer der frühesten Rezensenten (siehe S. 232). Der Kritiker war nicht der einzige, den Thomas Manns »außerordentliche Novelle« (Arthur Schnitzler, 1912) an ihren Schauplatz lockte: einen 30jährigen »Vicesekretär« der Prager Arbeiter-Unfall-Versicherungs-Anstalt, für den Mann zu den Autoren gehörte, »nach deren Geschriebenem ich hungere«, zog es im vorletzten Sommer vor Ausbruch des Ersten Weltkriegs ebenfalls in den Süden. Dem begeisterten Thomas-Mann-Leser Dr. Franz Kafka* schlug die 62 Seemeilen kurze Schiffsreise von Triest nach Venedig freilich auf den Magen: vermutlich weil er darauf verzichtet hatte, »gegen Seekrankheit […] das bestbewährte und ärztlich einzig

* Nach der Erinnerung seines engsten Freundes Max Brod verschlang er »jede Zeile« des Dichters »in der ›Neuen Rundschau‹«. »Der Tod in Venedig« wurde zuerst 1912 in dieser Zeitschrift veröffentlicht (siehe S. 115 und 226).

empfohlene, völlig unschädliche Schutzmittel Talassin« einzunehmen – so die Werbung der »Lloydapotheke« in Triest –, wurde ihm während der über sechsstündigen Schlechtwetter-Fahrt mit einem Dampfer des »Österreichischen Lloyd« übel. Doch schon bald nach der Ankunft war er wieder auf den Beinen und konnte unter dem »klaren venezianischen Himmel« die Lagunenstadt erkunden (Brief an Felice Bauer, 16. September 1913).

Wie Kafka besuchen seit nunmehr über neunzig Jahren Generationen von Lesern Venedig, um auf den Spuren Thomas Manns (und Gustav von Aschenbachs) durch das Labyrinth der Gassen, Kanäle, Plätze und Brücken zu streifen oder sich am Lido zu ergehen.

Thomas Mann hat immer wieder seine Ferien in dieser Stadt verbracht, die er liebte wie keine andere. Venedig, die Stadt der »Todesvornehmheit« (S. 221), des Verfalls, des Untergangs, die Stadt des schönen Scheins, des (Gefühls-)Abenteuers und des Rausches, bezeichnete er als seine »zweite, ins Morgenländische verzauberte Heimat« (Brief an Hugo Siebenschein, 31. Mai 1936; siehe S. 18-21). ›Lübeck an der Adria‹: Venedig als *Seelenzustand*, nicht als »geistige Lebensform«. Immer wieder hat Thomas Mann auch betont, daß »sämtliche Erscheinungen« seiner berühmtesten Erzählung »genau der Reisewirklichkeit nachgeschrieben« seien. Nichts habe er erfunden: »der Knabe Tadzio und die Seinen«, die Cholera, der »ehrliche« Angestellte im Cook's Office (siehe S. 196 f.) »oder was sonst anzuführen wäre« – »alles war durch die Wirklichkeit gegeben«.

Das vorliegende Bilderlesebuch nimmt den Dichter deshalb beim Wort und will mit über 175 historischen Fotos und sogenannten ›printed ephemera‹ – zeitgenössischen Ansichts-

karten*, Liebig-Sammelbildchen, Kofferaufkleber, Werbeannoncen, Reklamebroschüren – die »Reisewirklichkeit« der Thomas-Mann-Zeit anschaulich machen, soweit sie optisch faßbar ist. (Damit soll zugleich der Blick für Unterschiede zwischen dem empirischen und dem fiktiven Venedig geschärft werden.) Es stellt Orte und Personen der Handlung in möglichst authentischen Abbildungen vor und bietet beispielsweise unbekannte Informationen nicht nur zu den ›Vorbildern‹ für die Hauptfigur Gustav von Aschenbach, sondern auch zur Cholera in Venedig, über die die Thomas-Mann-Forschung bisher nichts Genaues wußte. Und es lädt dazu ein, sich die Novelle neu anzueignen: indem man sie sich in Venedig erwandert (besser noch: erschlendert) oder sich in Gedanken zu Hause in den »ausschweifende[n] Traum« (Thomas Mann) entführen läßt.
Die wichtigsten Wieder-Entdeckungen dürften ein bisher unbekanntes Faksimile aus dem verschollenen Manuskript von »Der Tod in Venedig« (S. 55) sowie eine jahrzehntelang unbeachtet gebliebene Porträtskizze Thomas Manns sein, der während der Arbeit an der Novelle den schönen Knaben Tadzio zu zeichnen versuchte (S. 165). Sehen Sie selbst.

* Venedig, »halb Byzanz, halb Brügge« (Ernst Bertram), ist *die* Ansichtskartenstadt par excellence. Das Standardwerk der *deltiologia* (italienisch: Ansichtskartenkunde) zum »Ansichtskartenvenedig« (Hermann Bahr, 1909) steht jedoch noch aus.

Alle *kursivierten* Zitate aus »Der Tod in Venedig« (Seitenangaben in Klammern) sind mit freundlicher Genehmigung des Herausgebers und des Verlages der »Großen kommentierten Frankfurter Ausgabe« der Werke von Thomas Mann entnommen.
Bd. 2.1: Frühe Erzählungen (1893-1912), Text
Bd. 2.2: Frühe Erzählungen (1893-1912), Kommentar
Herausgegeben von Terence J. Reed

3. Am Lido di Venezia. Stereoskopische Ansichtskarte, um 1900.

Wenn man die beiden mit einer »Doppelcamera« aufgenommenen Fotos durch ein Stereoskop, eine um die Jahrhundertwende weitverbreitete »optische Vorrichtung«, betrachtete, erschienen die »zwei nebeneinander liegenden« Bilder »als ein einziges körperliches«, d. h. räumliches, mit dreidimensionalem Effekt: man glaubte sich an den Strand versetzt (Erläuterungen nach »Brockhaus' Kleinem Konversations-Lexikon« [1911], das Thomas Mann bei der Arbeit am »Tod in Venedig« benutzte). In Manns Roman »Der Zauberberg« (1924) ist das »sinnreiche Spielzeug« eines solchen »stereoskopischen Guckkastens« erwähnt, »durch dessen Linsen man die in seinem Innern aufgestellten Photographien, zum Beispiel einen venezianischen Gondolier, [...] erblickte« (siehe auch Abb. 127).

rechts 4. Thomas Mann: Selbstporträt mit (getöntem) Kneifer in einem Widmungsexemplar seiner Novellensammlung »Der kleine Herr Friedemann« (1898) für den Bruder Heinrich. Eine der in diesem Band enthaltenen Erzählungen spielt in Venedig (siehe S. 32, Text zu Abb. 16).

I. Zweite Vaterstadt, sozusagen: Thomas Mann und Venedig 1875-1910

»Um den Besuch in Venezia, meiner zweiten Vaterstadt, sozusagen, beneide ich Sie […].«
(Thomas Mann: Brief an Richard Schweizer. Pacific Palisades / Kalifornien, 12. Oktober 1948)

Das Venedig Thomas Manns in wenigen Zahlen und Stichworten: in der »Hauptstadt der gleichnamigen italienischen Provinz« lebten nach einer amtlichen Erhebung im Juni 1911 160727 Menschen, davon »ein Viertel Arme«. Die ›Niederen‹ – so Rilke – waren für keinen Venedig-Besucher zu übersehen, auch in »Der Tod in Venedig« dienen Bettler als Staffage.

Das »historische Zentrum« (»centro storico«) Venedigs ist in Stadtsechstel (»sestieri«) eingeteilt: Cannaregio, S. Marco, Castello, S. Croce, S. Polo und Dorsoduro. Die größte Bevölkerungsdichte wiesen 1911 Castello und Cannaregio auf. In die Wohnquartiere der *»unteren Schichten«* (S. 580), in die Gustav von Aschenbach sich verirrt, dürfte Thomas Mann allerdings kaum je seinen Fuß gesetzt haben.

Der Tourismus, mit dem *»ganzen vielfältigen Fremdengewerbe«* (S. 579) ein sehr bedeutender Wirtschaftsfaktor, wurde in der Thomas-Mann-Zeit erstmals statistisch erfaßt: 1912 registrierte man in Venedig rund 600 000 Übernachtungen, 1913 rund 800 000.

Thomas Mann reiste erstmals 1896, mit 21 Jahren, nach Venedig – ein Erlebnis, das für ihn so prägend war, daß er es in der Rückschau mit dem Augenblick verglich, in dem er bei einem Konzert in München zum ersten Mal seine spätere Frau Katia sah: »Wie in Venedig zuerst, in Traumgenügen und Wonne, / So noch einmal wallte das Herz mir, zehn Jahre später: / Als ich im goldenen Saal des Mädchenbildes gewahr ward […].« (»Gesang vom Kindchen«, 1919)

5. Tief ist der Brunnen der Vergangenheit: Im Innenhof des Dogenpalasts. Foto, um 1900.
»Als Kind schon liebt' ich sie; sie war von je / Wie eine Feenstadt des Herzens mir«, heißt es in Byrons »Childe Harold« über Venedig. Den kleinen »Tommy« Mann hat die *»geliebte Stadt«* (S. 545) ebenso früh fasziniert. Durch welche (»Guckkasten«-)Bilder, Bücher und Zeitschriften – oder andere Quellen – der »Märchen«-Ort zwischen 1880 und 1890 »vertrautestes Kindheitserbe« wurde, ist ungeklärt (»Gesang vom Kindchen«, 1919).

6. Die Südwestecke des Palazzo Ducale. Foto, nach 1900.
Bei seinem ersten Venedig-Aufenthalt im »Jünglings«-Alter (1896) glaubte Thomas Mann, »heimischen« Wassergeruch »witternd«, in der »gedrungenen Bogen-Halle« des Dogenpalasts die Arkaden des Rathauses am Marktplatz in Lübeck wiederzuerkennen: »die Vaterstadt« existierte für ihn deshalb »zwiefach« (»Gesang vom Kindchen«, 1919).

7. Unter den »maurisch verzauberten« Spitzbögen des Dogenpalasts am Molo, dem »Haupthalteplatz« der Gondeln. Foto, um 1900.
1916 schrieb Thomas Mann an Paul Amann: »Venedig ist immer noch das Excentrischste und Exotischste, was ich kenne – und dabei betrachte ich es als geheimnisvoll heimatlich: es ist ein ins Orientalisch-Phantastische übersetztes Lübeck.« 1921 vermerkte er nach einem Besuch seines Geburtsorts im Tagebuch: »Architektur am Markt: Lübeck und Venedig« (Notiz vom 17. September 1921).

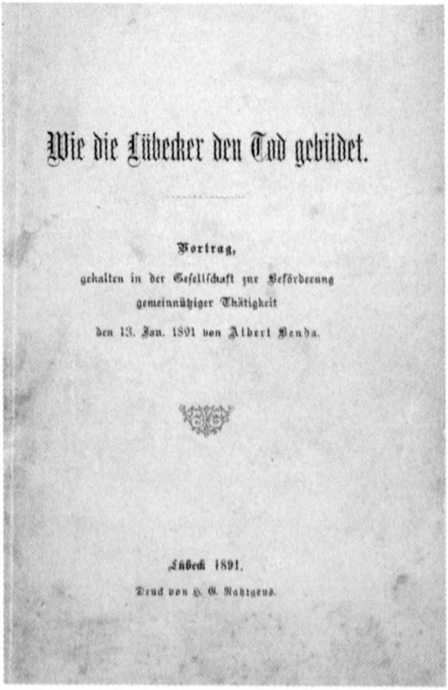

Wie die Lübecker den Tod gebildet.

Vortrag,
gehalten in der Gesellschaft zur Beförderung
gemeinnütziger Thätigkeit
den 13. Jan. 1891 von Albert Benda.

Lübeck 1891.
Druck von H. G. Rahtgens.

8. »Wie die Lübecker den Tod gebildet«: Vortrag in der Lübecker »Gesellschaft zur Beförderung gemeinnütziger Thätigkeit« (13. Januar 1891), zu deren Mitgliedern auch der Vater Thomas Manns zählte. Noch 1947 erwähnte er in seinem Roman »Doktor Faustus« »Vorträge [...] im Saal der ›Gesellschaft für gemeinnützige Thätigkeit‹«.

Mag sein, daß Mann sich in Venedig, der »verführerisch todverbundenen Stadt«, auch deshalb »zu Hause« fühlte, weil er aus einer anderen ›Stadt des Todes‹ stammte und »viel davon abbekommen« hatte (»Lübeck als geistige Lebensform«, 1926; Brief an Ernst Bertram, 29. September 1921). Albert Benda zufolge gab es in Lübeck auffallend viele »Todesbilder«, darunter eine »große Menge« künstlerischer Darstellungen, die den Tod als schönen Knaben zeigten (auf einem Ölgemälde in der 1942 zerstörten St. Petri-Kirche war

er gar – wie Tadzio – »blondgelockt«). Manche kannte Mann von Kindesbeinen an, möglicherweise haben sie die Erzählung »Der Tod in Venedig« mitbeeinflußt.

9. Thomas Mann mit seiner jüngsten Tochter Elisabeth (1918-2002), dem »Kindchen«. Foto, um 1921.
Liebe geht durch den Magen, auch die Liebe des »Zauberers« – wie er von seinen Kindern genannt wurde – zur »Serenissima«. Ein kulinarisches Symbol der »geheimnisvollen Beziehung/Zwischen den Handelshäfen« Lübeck und Venedig war für ihn das Marzipan: »getauft auf Sankt Markus«, den Schutzheiligen der Lagunenstadt, sei das ›marci panis‹, das ›Markus-Brot‹, aus dem Orient »über Venedig […] in die Heimat« gelangt (»Gesang vom Kindchen«, 1919).

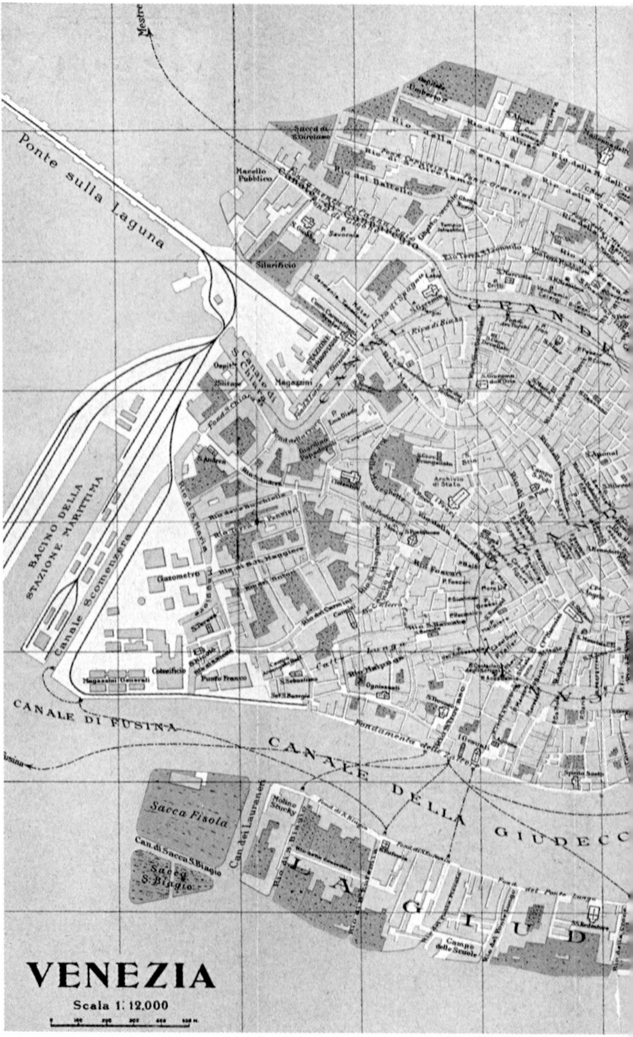

10. Stadtplan von Venedig, um 1910.

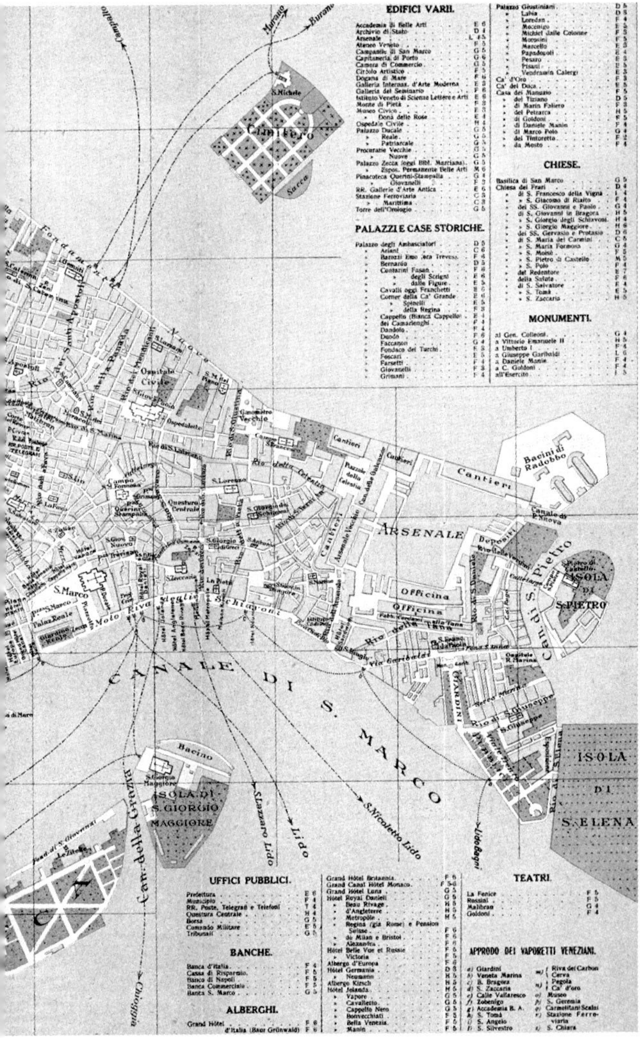
EDIFICI VARII.
Accademia di Belle Arti E 6
Archivio di Stato D 4
Arsenale L 4-5
Ateneo Veneto F 5
Campanile di San Marco G 5
Capitaneria di Porto G 6
Camera di Commercio G 5
Circolo Artistico F 5
Dogana di Mare F 6
Galleria Internaz. d'Arte Moderna E 3
Galleria del Seminario F 6
Istituto Veneto di Scienze Lettere e Arti E 6
Monte di Pietà F 3
Museo Civico E 3
» Donà delle Rose E 4
Ospedale Civile H 4
Palazzo Ducale G 5
» Reale G 5
» Patriarcale G 5
Procuratie Vecchie G 5
» Nuove G 5
Palazzo Zecca (oggi Bibl. Marciana) G 5
» Espos. Permanente Belle Arti M 6
Pinacoteca Querini-Stampalia G 4
» Giovanelli F 3
RR. Gallerie d'Arte Antica E 6
Stazione Ferroviaria C 3
» Marittima C 3
Torre dell'Orologio G 5
PALAZZI E CASE STORICHE.
Palazzo degli Ambasciatori D 5
» Ariani C 6
» Barozzi Emo (ora Treves) F 5
» Bernardo D 5
» Contarini Fasan F 6
» » degli Scrigni E 6
» » dalle Figure E 5
» Cavalli oggi Franchetti E 6
» Corner della Ca' Grande E 6
» » Spinelli E 5
» » della Regina F 3
» Cappello (Bianca Cappello) E 4
» dei Camarlenghi F 4
» Dandolo F 4
» Duodo F 6
» Faccanon G 4
» Fondaco dei Turchi E 3
» Foscari E 5
» Farsetti F 4
» Giovanelli F 3
» Grimani F 4
Palazzo Giustiniani D 5
» Labia D 3
» Loredan F 4
» Mocenigo E 5
» Michiel dalle Colonne F 3
» Morosini F 5
» Marcello E 3
» Papadopoli E 4
» Pesaro E 3
» Pisani E 5
» Vendramin Calergi E 3
Ca' d'Oro F 3
Ca' del Duca E 5
Casa dei Manuzio F 5
» del Tiziano D 5
» di Marin Faliero F 3
» del Petrarca H 5
» di Goldoni F 5
» di Daniele Manin F 4
» di Marco Polo G 4
» del Tintoretto F 2
» da Mosto F 4
CHIESE.
Basilica di San Marco G 5
Chiesa dei Frari D 4
» di S. Francesco della Vigna I 4
» » S. Giacomo di Rialto F 4
» dei SS. Giovanni e Paolo G 4
» di S. Giovanni in Bragora H 5
» » S. Giorgio degli Schiavoni H 4
» » S. Giorgio Maggiore H 6
» dei SS. Gervasio e Protasio D 6
» di S. Maria dei Carmini C 5
» » S. Maria Formosa G 4
» » S. Moisè F 5
» » S. Pietro di Castello M 5
» » S. Polo F 4
» del Redentore E 7
» della Salute F 6
» di S. Salvatore F 4
» » S. Tomà E 5
» » S. Zaccaria H 5
MONUMENTI.
al Gen. Colleoni G 4
a Vittorio Emanuele II H 5
a Umberto I F 4
a Giuseppe Garibaldi L 6
a Daniele Manin F 4
a C. Goldoni F 4
all'Esercito I 5
UFFICI PUBBLICI.
Prefettura E 6
Municipio F 4
RR. Poste, Telegrafi e Telefoni T 4
Questura Centrale H 4
Borsa G 5
Comando Militare E 5
Tribunali G 5
BANCHE.
Banca d'Italia F 4
Cassa di Risparmio F 5
Banco di Napoli F 5
Banca Commerciale F 5
Banca S. Marco G 5
ALBERGHI.
Grand Hôtel F 6
» d'Italia (Baur Grünwald) F 5
Grand Hôtel Britannia F 6
Grand Canal Hôtel Monaco F 5-6
Grand Hôtel Luna G 5
Hôtel Royal Danieli G 5
» Beau Rivage H 5
» d'Angleterre H 5
» Metropole H 5
» Regina (già Rome) e Pension Suisse F 6
» de Milan e Bristol F 6
» Alexandra F 6
Hôtel Belle Vue et Russie F 6
» Victoria F 5
Albergo d'Europa F 6
Hôtel Germania D 3
» Neumann H 5
Albergo Kirsch H 5
Hôtel Jolanda H 5
» Vapore G 5
» Cavalletto G 5
» Cappello Nero G 5
» Bonvecchiati F 5
» Bella Venezia F 5
» Manin F 5
TEATRI.
La Fenice F 5
Rossini F 5
Malibran G 4
Goldoni F 4
APPRODO DEI VAPORETTI VENEZIANI.
a) Giardini
b) Veneta Marina
c) B. Bragora
d) S. Zaccaria
e) Calle Vallaresco
f) Zobenigo
g) Accademia B. A.
h) S. Tomà
i) S. Angelo
l) S. Silvestro
m) Riva del Carbon, Cerva
n) Pegola, Ca' d'oro
o) Museo
p) S. Geremia
q) Carmelitani Scalzi
r) Stazione Ferroviaria
s) S. Chiara
Murano
Burano
S. Michele
Cimitero
Fondamenta Nuove
Ospitale Civile
ARSENALE
Cantieri
Bacini di Radobbo
ISOLA DI S. PIETRO
Can. di S. Pietro
Riva degli Schiavoni
Molo
S. Marco
Palaz Reale
Via Garibaldi
Giardini
CANALE DI S. MARCO
Bacino
ISOLA DI S. GIORGIO MAGGIORE
Can. della Grazia
ISOLA DI S. ELENA
S. Lazzaro Lido
Lido
S. Nicoletto Lido
Lido Bagni
Chioggia

11. Der Palazzo Giustiniani am Canal Grande (drittes Gebäude von rechts), in dem Richard Wagner 1858/59 den zweiten Akt der Oper »Tristan und Isolde« komponierte, von der Thomas Mann sagte, daß er sie »am meisten [liebe]« (siehe S. 186f. und 224f.). Foto, um 1910.

12. Der Palazzo Vendramin am Canal Grande (zweites Gebäude von links), in dem Richard Wagner 1883 starb. Foto, um 1910.
Für Wagnerianer war (und ist) Venedig ein Wallfahrtsort nicht nur als »Tristanstadt« (Thomas Mann), sondern auch deshalb, weil der Komponist hier seinen »letzten Seufzer aus[hauchte]« (Albert Zacher).

13. Die Rialto-Brücke. Foto, um 1900. Im Haus San Marco N° 5338 (zweites Gebäude von links), in dem sich heute das

Restaurant »Al Buso« befindet, wohnte im Frühjahr 1885 Friedrich Nietzsche.

Als Wagner- wie als Nietzsche-Stadt übte Venedig auf Thomas Mann eine »*unwiderstehliche Anziehungskraft*« (S. 519) aus.
»Wenn ich ein andres Wort für Musik suche, so finde ich immer nur das Wort Venedig«, zitiert der mit Mann befreundete Ernst Bertram den Philosophen in seinem Nietzsche-Buch (1918). Bertram über Venedig: »Es ist die Stadt, die Nietzsches Herzen bis zuletzt am nächsten stand. Die Stadt seiner Liebe. [...] Es ist die Geburtsstadt des Tristan [...], dessen Faszination für Nietzsche ohnegleichen in der Geschichte der Kunst ist.«
Nietzsches sogenanntes »Gondellied« entstand vermutlich 1888, ein Jahr nach seinem letzten Aufenthalt in der Dogenstadt. 1903 wurde es von Thomas Manns späterem Schwager Klaus Pringsheim (1883-1972) vertont. Der Zwanzigjährige, »ein höchst erfreulicher junger Mensch, soigniert, unterrichtet, liebenswürdig, mit norddeutschen Formen« (Thomas an Heinrich Mann, 27. Februar 1904), gab seiner Komposition »Venedig« ›für eine Singstimme mit Begleitung des Orchesters oder des Pianoforte‹ die Opus-Zahl 24.

An der Brücke stand
Jüngst ich in brauner Nacht.
Fernher kam Gesang:
Goldener Tropfen quoll's
Über die zitternde Fläche weg.
Gondeln, Lichter, Musik —
Trunken schwamm's in die Dämmrung hinaus . . .

Meine Seele, ein Saitenspiel,
Sang sich, unsichtbar berührt,
Heimlich ein Gondellied dazu,
Zitternd vor bunter Seligkeit.
— Hörte jemand ihr zu? . . .

Nietzsche.

14. Friedrich Nietzsches sogenanntes »Gondellied«. Abdruck nach der von Ignaz Ježower herausgegebenen Anthologie »Der poetische Cicerone. Städte und Länder in der Dichtung«, Bd. 1: »Venedig«, 1908.

Nicht erst für Thomas Manns homosexuelle Freunde Ernst Bertram und Klaus Pringsheim war Venedig eine »magische Chiffre«. *Gen Italien* reisten schon August von Platen und Hans Christian Andersen, »um sich einmal erotisch ausleben zu können« (so Manns Duzfreund Kurt Martens [siehe S. 226 f.], auch er homosexuell).

Um 1900 trieb § 175 des Reichsstrafgesetzbuches, der die »widernatürliche Unzucht zwischen Personen männlichen Geschlechts« mit Gefängnis bis zu fünf Jahren ahndete, so viele Landsleute Aschenbachs über die Alpen, »daß die Italiener fast in jedem Deutschen einen Homosexuellen erblick[t]en und überhaupt nur noch die Bezeichnung ›Berolinese‹ [Berliner] synonym für Päderasten gebrauch[t]en« (Numa Praetorius, 1909).

Homosexuelle – ob aus Deutschland, Frankreich oder anderen Ländern – seien vor dem Ersten Weltkrieg »turtelnd wie die Tauben von San Marco« durch die Lagunenstadt flaniert, meinte sich der französische Schriftsteller Paul Morand (1888-1976) erinnern zu können.

In Venedig war Aschenbachs »Knabenliebe« (Thomas Mann) kein Einzelfall. Und nicht nur sie endete tragisch: Ende September 1910 sorgte ein »homosexuelles Drama [...] auf dem Lido« für Schlagzeilen. »Der frühere Richter Brazzoduro, der eine leidenschaftliche Zuneigung zu einem Jüngling, dem schönen Virgilio, gefaßt hatte, erschoß diesen anscheinend aus Eifersucht und tötete dann sich selbst.« (Numa Praetorius, 1921)

15. Hans Christian Andersen: Aussicht aus seinem Zimmer im »Hôtel Luna« (siehe auch S. 51). Zeichnung, 1834.
Andersen, von dessen »homosexuellen Neigungen« (Albert Moll, 1910) er zweifellos wußte, war ein Lieblingsautor Thomas Manns (siehe auch S. 169); in seinem Münchner Arbeitszimmer hatte er deshalb vor dem Schreibtisch ein Porträt des Dänen aufgestellt. Über Andersens erste Italien-Reise konnte Mann 1905 in der Leipziger Zeitschrift »Die Grenzboten« lesen, daß »die warme Luft des Südens das Blut des Dichters schneller und feuriger rollen gemacht [habe][…]; hier ist Glut und Leidenschaft, hier ist heißes Liebesleben.«

16. Im »Caffè Florian« an der Südseite der Piazza San Marco (im Hintergrund der Torre dell' Orologio), um 1900. Gemälde von Italico Brass, dem Großvater des Filmregisseurs Tinto Brass.
Von seinem ersten Aufenthalt in der Lagunenstadt (»ungefähr« drei Wochen im Herbst 1896) brachte Thomas Mann die Anregung zu der 1898 veröffentlichten Novelle »Enttäuschung« mit. Ihr Schauplatz ist das »Florian« am Markusplatz, das »eleganteste« und berühmteste aller »Café-Häuser« Venedigs (Theodor Gsell Fels, 1901).

17. Das 1887 errichtete Denkmal des italienischen Königs Vittorio Emanuele II. auf der Riva degli Schiavoni. Foto, um 1900.

Aus der Erinnerung oder nach dem Hörensagen hat Thomas Mann auf einem eingelegten Blatt seines dritten Notizbuchs (um 1898/99) eine Adresse in der Nähe dieses Reiterstandbilds im »sestiere« Castello festgehalten: »*Venedig,* S. Zacharia/Campiello del Vin/N° 4652«.

»San Zaccaria« ist eine Haltestelle der Vaporetto-Linie 1, der Campiello del Vin liegt nur wenige Gehminuten von ihr entfernt. Die Bedeutung der Hausnummer ist ungeklärt.

18. »Serenade« (»Liebig's Sammelbilder«-Serie Nr. 268: »Aus Venedig«), vor 1900.

Wer sich wie Thomas Mann in den Jahren um 1900 regelmäßig von »gelöstem Liebigextrakt« ernährte (»Lebensabriß«, 1930), kannte selbstverständlich die bunten Reklamebildchen, mit denen die Firma für ihr Produkt warb: »Eine Tasse vorzügliche, kräftige, klare Fleischbrühe kann man in wenigen Minuten aus 3 Gr[amm] Liebig's Fleisch-Extract, 1 bis 2 Gr. Salz je nach Geschmack, und ¼ Liter siedendem Wasser herstellen«.

Im »Tod in Venedig« hat eine »*Gesellschaft*« ähnlich der, die hier zu sehen ist, ihren Auftritt: »*ein Boot mit musikalischen Wegelagerern, Männern und Weibern, die zur Gitarre, zur Mandoline sangen [...] und die Stille über den Wassern mit ihrer gewinnsüchtigen Fremdenpoesie erfüllten.*« (S. 526 f.)

19. »Hotel Metropole & Pension Kirsch« an der Riva degli Schiavoni (N° 4149 und 4156), »ganz deutsch, gut geführt« (»Rosen's Führer durch Venedig«, 1905).
Thomas Mann ließ dort im Mai 1901 zwei Zimmer reservieren, um sich mit seinem Bruder Heinrich zu treffen. In der »Casa Kirsch« fühlte sich auch Sigmund Freud sehr wohl: »Die Betten« seien »vorzüglich«, schrieb er am 26. August 1895 an seine Frau. Von der »entzückendsten Morgenaussicht auf« die Kirchen »S. Maria della Salute und S. Giorgio Maggiore« war er derart angetan, daß sie sogar in seiner »Traumdeutung« (1900) verewigt ist: »...wir standen an einem zauberhaft schönen Tag an den Fenstern unseres Zimmers auf der Riva Schiavoni und schauten auf die blaue Lagune, in der heute mehr Bewegung zu finden war als sonst. Es wurden [...] Schiffe erwartet, die feierlich empfangen werden sollten [...].«

254

Kunstfreund wird die im rechten Querschiff und den anstossenden Chorkapellen befindlichen interessanten Bilder von Antonio da Negroponte (eine noch ganz byzantinisierende Madonna, umgeben von reichstem, mit zierlichem Realismus ausgeführten Schmuckwerk an Pflanzen, Tieren und Marmordekoration) und

Giovanni Bellini, Madonna. Alinari phot.

Pier Maria Pennacchi (Verkündigung) vorläufig wohl vergeblich suchen. Die in einer Kapelle am linken Querschiff untergebrachte Madonna mit Heiligen von Giovanni Bellini (1507) ist durch Restauration fast ganz zerstört, aber wichtig durch den Typus der Madonna, der der Ausgangspunkt für unzählige andere Werke der Bellinischule geworden ist. Die Cappella Giustiniani neben dem Chor links mit ihren zier-

20. Ausschnitt aus einem »Venedig«-Kunstreiseführer der Reihe »Moderner Cicerone« von Max Semrau (1905), der auch dem jungen Walter Benjamin bei seinen eifrigen »Kunstbetrachtungen« in Venedig (1912) »unentbehrlich« war.

»Seht ihr Kirchen, Bilder? Reizende Bellini-Madonnen gibt es«, schrieb der ›Zauberer‹ am 25. Mai 1932 an seine Kinder Erika und Klaus in Venedig. Vermutlich seit seinen frühesten Venedig-Aufenthalten war Thomas Mann ein Bewunderer des Malers Giovanni Bellini – wie vor ihm beispielsweise Platen (Tagebuchnotiz, 20. Oktober 1824: »Bellin, meine erste Liebe in Venedig«) und Richard Wagner, den vor allem die Madonnen-Bilder in der Chiesa San Zaccaria und der Basilica Santa Maria Gloriosa dei Frari tief beeindruckten.

21. Denkmal des venezianischen Theaterdichters Carlo Goldoni auf dem Campo S. Bartolomeo, in unmittelbarer Nähe des Ponte di Rialto. Foto, um 1910.
»Es ist so hübsch, in Venedig ins Theater zu gehen.« Die Bemerkung im Brief an Erika und Klaus Mann (25. Mai 1932) läßt darauf schließen, daß Thomas Mann Aufführungen im Teatro Goldoni und/oder im Teatro Rossini besuchte. Das berühmte Teatro La Fenice (Campo S. Fantin, S. Marco N° 2549) sah er vermutlich nie von innen – dort gab es zu seiner Zeit »Vorstellungen [...] nur im Winter, vom Januar bis April«.

22. »Verkaufsgewölbe« der »Königlichen Spitzen-Schule zu Burano« an der Westseite des Markusplatzes, »im Durchgang zum Telegraphenamt«, um 1910. Die Preise für Erzeugnisse der »Scuola Merletti di Burano« konnten »nur die oberen Zehntausend bezahlen« (Griebens Reiseführer »Venedig und Umgebung«, 1910-1911).

1908 wurden Thomas Mann und seine Frau wie schon im Jahr zuvor (siehe S. 70) von Carla und Heinrich Mann, der Schwester und dem Bruder des Dichters, nach Venedig begleitet, wo sie täglich mit Jakob Wassermann zusammentrafen. Auch ihn hatte die Stadt in ihren Bann gezogen: »Ich führe das beneidenswerteste Träumer- und Schlenderleben, fahre viel auf dem Wasser herum, fühle mich lastlos einsam, arbeite ohne Hast, esse, lese, schlafe, lustwandle, alles mit Zierlichkeit und Vergnügen [...]. Ich habe ein großes, ziemlich ruhiges Zimmer für dreieinhalb Lire täglich, was sehr billig ist, und brauche im Ganzen 10-12 Lire.« (Brief an seine Frau Julie Wassermann, 3. Mai 1908).

II. Thomas Mann, nachgestellt – Eine fotografische Rekonstruktion der Erzählung »Der Tod in Venedig«

MAURICE BARRÈS

AMORI ET DOLORI
SACRUM

— La Mort de Venise —

PARIS
Félix JUVEN, Éditeur
13, rue de l'Odéon, 13

23. »Der Tod von Venedig«: Titelblatt einer 1910 erschienenen Ausgabe des Buches »La Mort de Venise« (zuerst 1903) von Maurice Barrès.
Thomas Mann blieb nicht verborgen, daß der französische Autor Maurice Barrès (1862-1923) neun Jahre vor ihm einen Essay publizierte, der »fast genau den Titel« seiner Novelle trug (»Betrachtungen eines Unpolitischen«, 1918).
»Die Liebe [...] zu Venedig ist bei Barrès eine Liebe zum Tod [...]. Venedig kann für Barrès nicht sterbend, nicht verfallen genug sein.« (Gerhard Goebel-Schilling)

rechts **24.** Maurice Barrès. Karikatur, 1903.
»Venedig, das ist für ihn ein großes schmerzen- und schönheitsvolles Sterben.« (Ernst Robert Curtius über Barrès, 1921). Den »Schauer des Todes [suchten]« vor Barrès auch andere

Dichter in Venedig, zum Beispiel die heute völlig in Vergessenheit geratenen Lyriker Moritz Graf von Strachwitz und Heinrich Stieglitz. Für die melancholischen Gedichte des Grafen von Strachwitz (1822-1847), der – so Ignaz Ježower – in der Lagunenstadt »den Schmerz und das Ende [lebte]«, hat Thomas Mann sich um 1900 nachweislich interessiert (»Ich bin so krank, und sterben möcht' ich gerne / Hier in Venedig [...]«). Und die Umstände, unter denen Stieglitz (1801-1848) zu Tode kam, lassen an Aschenbach denken: unglücklich verliebt, »*wollte* [er] sterben« (Betty Paoli, 1908) – im »grabesstillen« Venedig, das »einen fast unheimlichen Eindruck machte, da alle Fremden wie weggeblasen waren«, fiel er der Cholera zum Opfer (Friedrich Bodenstedt, 1890).

25. »Gustav Mahler † / der bedeutende Dirigent und frühere Direktor der Wiener Hofoper«. Foto in der Zeitschrift »Die Woche« (Nr. 21, 27. Mai 1911), aus der sich Thomas Mann viele Illustrationen ausschnitt, um sie als Bildvorlagen für die Romane »Königliche Hoheit« (1909) und »Bekenntnisse des Hochstaplers Felix Krull« (begonnen 1910) zu verwenden.

Das Mahler-Porträt ist den Arbeitsnotizen zu »Der Tod in

Venedig« beigefügt, die sich im Thomas Mann Archiv (Zürich) befinden.

»*Gustav von Aschenbach war […] brünett, rasiert. Sein Kopf erschien ein wenig zu groß im Verhältnis zu der fast zierlichen Gestalt. Sein rückwärts gebürstetes Haar, am Scheitel gelichtet, an den Schläfen sehr voll […], umrahmte eine hohe […] Stirn. Der Bügel einer Goldbrille mit randlosen Gläsern schnitt in die Wurzel der gedrungenen, edel gebogenen Nase ein. Der Mund war […] schmal und gespannt; die Wangenpartie mager und gefurcht […].*« (S. 515).

»Die Nachricht vom Tod Mahlers am 18. Mai 1911 war für Thomas Mann […] ein schwerer Schock. Gleichsam als eine diskrete Verbeugung vor dem Verstorbenen gab er dem Helden seiner Novelle […] den Vornamen […] Gustav« (Klaus Pringsheim u.a., 1972). Auch die Beschreibung seines Äußeren ist Mahler nachgebildet (Thomas Mann: Brief an Wolfgang Born, 18. März 1921).

Vielleicht ist es kein Zufall, daß Aschenbach ziemlich bald nach dem 7. Juli 1911 stirbt – an diesem Tag wäre Mahler 51 Jahre alt geworden.

Im Vorwort seines Buches über Gustav Mahler (1913) dankt der Wiener »Musikschriftsteller« Richard Specht Thomas Mann ausdrücklich dafür, daß er ihm »manchen Zug« des Komponisten »berichtet« habe.
Mann lernte Mahler spätestens im September 1910 persönlich kennen, »in den großen Tagen der Achten [Symphonie] in München« (Klaus Pringsheim, 1960), deren grandiose Uraufführung am 12. 9. er miterlebte. Seiner Frau soll er »damals« gesagt haben, »bei Gustav Mahler wäre es eigentlich das erste Mal, daß er das Gefühl habe, einem großen Mann zu begegnen« (Katia Mann). Und dem Komponisten schrieb er, noch ganz unter dem Eindruck dieses Ereignisses stehend, daß sich in ihm »der ernsteste und heiligste künstlerische Wille unserer Zeit verkörpert«.
Eine wichtige Informationsquelle für Mann dürfte im übrigen sein Schwager Klaus Pringsheim gewesen sein, der von 1906 an als Korrepetitor an der Wiener Hofoper arbeitete und seit dieser Zeit mit Mahler befreundet war. Durch ihn könnte er schon lange vor dem »Tod in Venedig« ›Interna‹ über den herzkranken Komponisten erfahren haben (sein »*müdes Herz*« [S. 521] verursacht Aschenbach zunehmend Beschwerden. – »Mein Herz ist müde«, heißt es in Mahlers »Lied von der Erde«, dessen Uraufführung unter Bruno Walter Mann am 20. November 1911 in München besuchte).

26. »*[…] dies meist leidend seitwärts geneigte Haupt*« (S. 515): Gustav Mahler (rechts) mit seiner Schwester Justine im »Caffè Quadri« am Markusplatz in Venedig, 1890.
Wie Gustav von Aschenbach erkrankte der Komponist »*um sein fünfunddreißigstes Jahr*« (S. 509): 1893 wurde er in Hamburg von der Cholera (!) »angefallen, erholte sich aber rasch« (Paul Stefan, 1912).

Zum Zeitpunkt des letzten Zusammentreffens zwischen Mann und Mahler lag dessen Begegnung mit Sigmund Freud nicht einmal drei Wochen zurück. Die halbtägige »Konsultation« fand Ende August 1910 in der niederländischen Stadt Leiden statt.

Solange Mahler lebte, bewahrte Freud Stillschweigen über das Gespräch, das er mit ihm während ihres mehrstündigen Spaziergangs an den Grachten entlang geführt hatte. Noch am 17. Mai 1911 erklärte er in der Wiener Psychoanalytischen Vereinigung, daß »die ärztliche Rücksicht« ihn »hindern würde«, sich über Mahler zu äußern. Als aber am 24. Mai in dieser sogenannten »Mittwoch-Gesellschaft« über den »psychischen Einfluß« auf Mahlers Tod am 18.5. und den des am 23. März 1911 gestorbenen Wiener Weihbischofs Godfried Marschall diskutiert wurde – darüber, ob wie bei dem Komponisten »das Unbewußte [...] den Krankheitskeimen die Eingangspforte [...] durch den Wegfall der Hemmungen [öffnen]« könne –, ergriff auch Freud das Wort: er könne »die für Mahlers Tod ausgesprochene Vermutung leicht beweisen, da ihm bekannt sei, daß sich Mahler an einem Wendepunkt seines Lebens befand, wo er die Wahl hatte, entweder sich zu ändern und damit die Basis seiner Künstlerschaft aufzugeben oder sich dem Konflikt zu entziehen. Für diese Mitteilung wird eigens um Diskretion gebeten.«

27. Gustav Mahler vermutlich auf seiner letzten Schiffsreise. Foto, 1911 (?).

28. Dirk Bogarde (1921-1999) in der Rolle des Gustav von Aschenbach in Luchino Viscontis Film »Tod in Venedig« (1971). Während seine Schwester Katia Mann nach der Schweizer Erstaufführung erklärte, »dass die Intension des Buches mit jener des Films übereinstimme« (»St. Galler Tagblatt«, 2. Juni 1971), lehnte Klaus Pringsheim »als Schüler Mahlers und als Schwager von Thomas Mann« den Film strikt ab.

Die ›Verwandtschaft‹ Aschenbachs mit Mahler ist in Thomas Manns Erzählung nur angedeutet, etwa dadurch, daß sich in der ›Ahnengalerie‹ des Dichters ein »*böhmischer Kapellmeister*« (S. 508) befindet. Im Film ist sie zur Kenntlichkeit entstellt: »Aschenbach ist in Luchino Viscontis Version ein Komponist und der Komponist ist Mahler in jedem Zug, in jeder Bewegung von Dirk Bogardes Darstellung bis hin zu dem berühmten Nachziehen des linken Fußes.« (Klaus Pringsheim, 1971). »Der Eindruck der Identität wird verstärkt, wenn immer wieder das Adagietto aus Mahlers V. Symphonie gespielt wird, als musikalischer Hintergrund zur Handlung des Films.« (Klaus Pringsheim u.a., 1972).

Daß der italienische Regisseur als Titelmusik seines Films den 4. Satz aus Mahlers »Fünfter« auswählte, erwies sich als genialer Marketing-Trick: Bis heute ist das Adagietto als eine Art ›Erkennungsmelodie‹ der Lagunenstadt auf CD-»Ear Books« und musikalischen »City Guides« über Venedig zu hören, und noch immer wird mit Fotos von Gondeln und venezianischen Palazzi auf CD-Hüllen für Aufnahmen der Symphonie Nr. 5 – etwa von Bernard Haitink und Rafael Kubelik – Werbung gemacht. Wenn Mahlers Adagietto erklingt, so Michael Gielen, sieht »jeder [...] Tadzio vor sich und den Strand von Venedig«.

Der Nachname »*Aschenbach oder von Aschenbach*« (S. 501) ist wohl eine Hommage an den 1829 geborenen Maler Anselm Feuerbach oder »von F[euerbach]« (»Brockhaus' Kleines Konversations-Lexikon«, 1911) – neben Wagner der berühmteste deutsche Tote in Venedig, um 1910 ungemein populär, ja geradezu eine »Kultfigur« (Daniel Kupper). Thomas Mann hatte Feuerbachs autobiographisches »Vermächtnis« gelesen (siehe Abb. 30) und konnte ihm entnehmen, daß 1855 beim ersten Besuch des Malers in Venedig die Cholera grassierte (weitere Einzelheiten darüber berichtete dessen Reisegefährte Scheffel in einem 1901 erschienenen »Gedenkbuch«). Auch daß er 1880 in seinem Zimmer in einem venezianischen »Gasthof« starb, war Mann bekannt (Aschenbach, wie Feuerbach Anfang fünfzig, wird ebenfalls sterbend »*auf sein Zimmer*« [S. 592] gebracht). Hinweise auf den alleinstehenden, »schweigsamen, geschniegelten« Feuerbach (Albert Zacher, 1912) finden sich in vielen zeitgenössischen Italien-Reisebüchern. Noch zur Entstehungszeit der Novelle erzählte man sich in Venedig Anekdoten über ihn. Zu Feuerbachs Hauptwerken gehört »Das Gastmahl des Plato« (1869/1873).

29. Postkarte des »Hôtel Luna«, San Marco N° 1243, um 1910. »Hier starb am 4. Januar 1880 / einsam und verkannt / ein Großer im Reiche der Kunst / Anselm Feuerbach«: Diese Gedenktafel, »gestiftet von Verehrern des Meisters«, hängt seit 1911 am »Hotel Luna« in der Calle Larga de l'Ascension, wenige Schritte vom Markusplatz entfernt.

Die 1910 erschienene Neuausgabe war ein großer Verkaufserfolg: »In nur drei Jahren erreichte das Buch eine Gesamtauflage von ungefähr 35 000 Exemplaren« (Daniel Kupper). Mann konnte also damit rechnen, daß im Namen *Aschen*bach die Anspielung auf *Feuer*bach, dessen Leben in Venedig erlosch, »mitgewußt und mitgedacht« wurde. Aschenbachs Herkunft (S. 508: »*Sohn eines höheren Justizbeamten*«) dürfte ebenso auf Feuerbach verweisen – er wuchs einige Jahre bei seinem Großvater auf, der Appellationsgerichtspräsident war – wie einige Details seines Äußeren (S. 515: »*etwas unter Mittelgröße*, »*fast zierliche Gestalt*«; Feuerbachs »Gestalt war von fast mädchenhafter Zartheit, feingliedrig und kaum mittelgroß« [»Allgemeine Deutsche Biographie«, 1904]). Mit der Ausnahmeerscheinung »*eines Predigers*« (S. 508) in Aschenbachs Familie ist vermutlich der Religionsphilosoph Ludwig Feuerbach (1804-1872) gemeint, ein Onkel des Malers.

EIN

VERMÄCHTNIS

VON

ANSELM FEUERBACH

HERAUSGEGEBEN VON

HENRIETTE FEUERBACH

BERLIN, BEI MEYER & JESSEN

1 9 1 1

30. Titelblatt der postum (zuerst 1882) veröffentlichten »Lebenserinnerungen« Feuerbachs, herausgegeben von seiner Stiefmutter. Aus Feuerbachs »Vermächtnis« schrieb sich Thomas Mann 1908 einen Satz in sein neuntes Notizbuch ab: »Der wahre Stil kommt dann, wenn der Mensch, selbst groß angelegt, nach Bewältigung der unendlichen Feinheiten der Natur die Sicherheit erlangt hat, in das Große zu gehen.«

rechts **31.** Thomas Manns Handschrift: Bislang unbekanntes Faksimile einer (stark verkleinerten) Seite aus dem verschollenen Manuskript der Erzählung »Der Tod in Venedig« (Drittes Kapitel), das es ermöglicht, dem Autor bei tastenden Formulierungsversuchen über die Schulter zu schauen. So ist zum Beispiel im vorletzten Absatz die ursprüngliche Beschreibung des *korridorartigen* Schiffs-*Speisesaals* [S. 520], »auf dem die Kajüten lagen«, korrigiert in: *auf den die Thüren der Schlafkojen mündeten.*

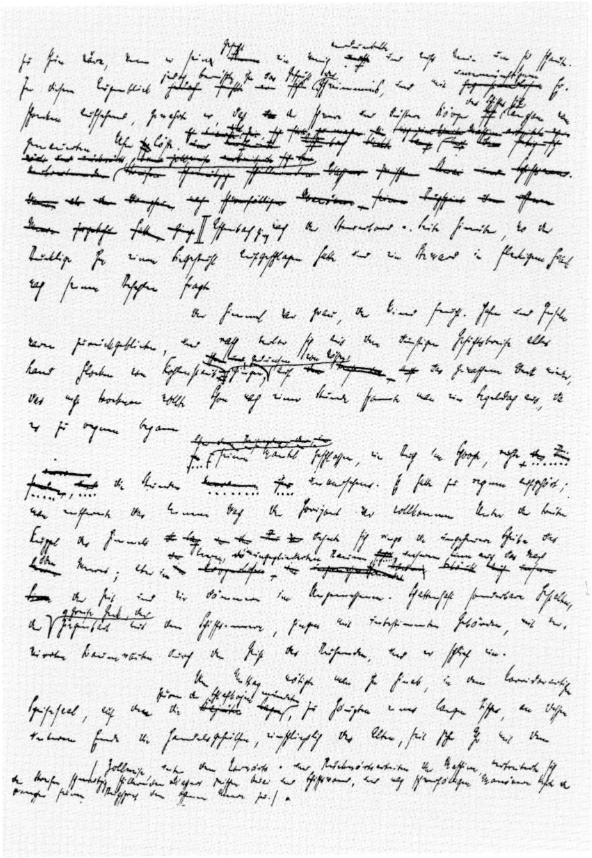

32. Ein italienischer Adria-Dampfer, um 1910 (Ansichtskarte mit Poststempel der Insel Brioni).
»Mein Mann hing über die Maßen am Lido und an Venedig«, erinnerte sich Katia Mann in ihren »Ungeschriebenen Memoiren«, die zuerst 1974 erschienen. Bevor das Ehepaar in der zweiten Maihälfte 1911 mit dem Schiff in der Lagunenstadt eintraf, verbrachte es »ein paar angenehme Wochen« (Thomas Mann) auf der damals österreichischen Adria-Insel Brioni (heute Brijuni/Kroatien) *»unfern der istrischen Küste«* (S. 516).
Mit einem *»betagte[n] Fahrzeug italienischer Nationalität«* (S. 517) reist Aschenbach ebenfalls von dort über Pola (heute Pula/Kroatien) nach Venedig.

33. Ein Reclam-Heft in der linken Hand: Gustav von Aschenbach (Dirk Bogarde) als Leser von Goethes »Faust I«. Foto aus dem Visconti-Film »Tod in Venedig« (1971).
»In seinen Mantel geschlossen, ein Buch im Schoße, ruhte der Reisende, und die Stunden verrannen ihm unversehens.« (S. 520).
Der Literaturwissenschaftler Helmut Koopmann hat jüngst (2003) noch einmal darauf aufmerksam gemacht, daß man »den *Tod in Venedig* als Adaption des *Faust* lesen« kann; in Manns Novelle finden sich unter anderem auch Anspielungen, »einzelne Motive und Übernahmen« aus Goethes Drama.

»Er gedachte des schwermütig-enthusiastischen Dichters, dem vormals die Kuppeln und Glockentürme seines Traumes aus diesen Fluten gestiegen waren, er wiederholte im stillen einiges von dem, was damals an Ehrfurcht, Glück und Trauer zu maßvollem Gesange geworden […].« (S. 521).

Glaubt man Erika Mann, waren unter den »zwei- oder dreihundert Gedichten«, die ihr Vater »zur Gänze auswendig wußte, […] gewiß fünfzig von Platen« (siehe S. 8). Die »Sonette aus Venedig« (1825) waren ihm in der Tat so präsent, daß er sie, zumal bei Besuchen in dessen »vollkommener Stadt«, nicht noch einmal eigens nachlesen mußte (so schickte er etwa am 21. Mai 1925 aus Venedig eine Ansichtskarte an Ernst Bertram, in der er Platen selbstverständlich aus dem Gedächtnis zitierte).

Wenn Aschenbach am Hotelfenster *»das Meer mit den Augen [grüßt]«* (S. 528), ist auch dies eine Anspielung auf Platen, der im zweiten seiner venezianischen Sonette den Blick auf die Adria richtet: »Ich grüße dort den Ozean, den blauen […].«

MEIN Auge liess das hohe Meer zurücke,
Als aus der Flut Palladios Tempel stiegen,
An deren Staffeln sich die Wellen schmiegen,
Die uns getragen ohne Falsch und Tücke.

Wir landen an, wir danken es dem Glücke,
Und die Lagune scheint zurückzufliegen,
Der Dogen alte Säulengänge liegen
Vor uns gigantisch mit der Seufzerbrücke.

Venedigs Löwen, sonst Venedigs Wonne,
Mit ehrnen Flügeln sehen wir ihn ragen
Auf seiner kolossalischen Kolonne.

Ich steig ans Land, nicht ohne Furcht und Zagen,
Da glänzt der Markusplatz im Licht der Sonne:
Soll ich ihn wirklich zu betreten wagen?

34. Das erste der »Venezianischen Sonette« von August Graf Platen in der Ausgabe der »Drugulin-Drucke«, die Thomas Mann besaß: »Dieses Buch wurde [...] für den Verlag Ernst Rowohlt, Leipzig, im Herbst 1910 in der Offizin W. Drugulin gedruckt.«

35. »*Fischerboote belebten das Meer*« (S. 521): Foto, nach 1900.
Die österreichischen »Lloyddampfer« aus Triest erreichten die Lagune in der Morgendämmerung. Den erhabenen Augenblick, in dem in der Frühe am Horizont die Türme und Kuppeln der »Serenissima« auftauchten, wollte kein Passagier versäumen: »Nichts als das gleichmäßige Stampfen aus dem Maschinenraume erinnert einen daran, daß man ja eigentlich nicht träumt, daß dies alles wahrhaftes, greifbar wirkliches Erleben ist« (»Österreichische Touristen-Zeitung«, 1914). Auch Arthur Schnitzler stand am Morgen seines 50. Geburtstags erwartungsvoll an der Reling: »Auf Deck. Venedig erscheint.« (Tagebuchnotiz, 15. Mai 1912).

36. »Venedig und die Nachbarinseln« mit dem »Porto di Lido«. Karte aus Geuters Venedig-Führer, 1910.
»[…] *die Bäderinsel erschien, der Dampfer ließ sie zur Linken, glitt verlangsamten Ganges durch den schmalen Port, der nach ihr benannt ist…*« (S. 521)

37. Der Dogenpalast mit den beiden Granitsäulen, im Hintergrund der Markusdom. Foto, um 1910.

»Das erste Anlanden unseres Dampfboots an der Piazzetta war imposant genug. Die Aussicht [...] auf die beiden Säulen der Piazzetta [...] ist kein geringer Vorgeschmack von Venedig« (August von Platen: Tagebuchnotiz, 14. September 1824).

»*So sah er ihn denn wieder, den erstaunlichsten Landungsplatz, jene blendende Komposition phantastischen Bauwerks [...]: die leichte Herrlichkeit des Palastes [...], die Säulen mit Löw' und Heiligem am Ufer, die prunkend vortretende Flanke des Märchentempels, [...] und anschauend bedachte er, daß zu Lande, auf dem Bahnhof in Venedig anlangen, einen Palast durch eine Hintertür betreten heiße, und daß man nicht anders, als wie nun er, als zu Schiffe, als über das hohe Meer die unwahrscheinlichste der Städte erreichen sollte.*« (S. 522)

38. Blick von der Piazzetta zur Insel San Giorgio Maggiore. Foto, um 1900.
Sobald die Schiffe aus Triest »bei der Insel San Giorgio Maggiore« vor Anker gegangen waren, kamen Zollbeamte an Bord. »Die Zollrevision [...] richtet sich vorzugsweise auf Tabak und Zigarren, von denen nur sechs Stück zollfrei sind [...], sowie auf Spielkarten und Zündhölzer. Einst wegen ihrer Rücksichtslosigkeit berüchtigt, sind seit einigen Jahren die italienischen Zollbeamten den Fremden gegenüber sehr liebenswürdig. [...] Die wegen ihrer Schikane früher gefürchtete Zollrevision ist jetzt im Handumdrehen erledigt.« (Amalia Sacerdote, 1910)

39. Die Riva degli Schiavoni mit der »*Station jener kleinen Dampfer*« (im Vordergrund), »*welche zwischen der Stadt und dem Lido verkehren.*« (S. 522). Foto, um 1910.

Nachdem die Zollbeamten ihre Freimarken auf das Gepäck geklebt hatten, nahm »die langwierige, aber durchaus nicht uninteressante Prozedur des Ausbootens [...] ihren An-

fang.« (»Österreichische Touristen-Zeitung«, 1914). Wer zum Lido wollte, ließ sich mit der Gondel zur Piazzetta bringen und bestieg am Ostende des Molo beim Ponte della Paglia einen der Vaporetti, die im 20-Minuten-Takt zur »Bäderinsel« fuhren. Eine einfache Fahrt kostete 15 Centesimi und dauerte rund 15 Minuten (Preisangaben für 1911).

40. Zwei Gondeln auf dem Weg zum Lido. Ansichtskarte, um 1910.
Eine Gondelfahrt vom Molo zum Lido dauerte ungefähr 45 Minuten und kostete 2 Lire, für einen großen Koffer wurden zusätzlich 20 Centesimi berechnet.

»Das seltsame Fahrzeug, aus balladesken Zeiten ganz unverändert überkommen und so eigentümlich schwarz, wie sonst unter allen Dingen nur Särge es sind, – es erinnert […] an den Tod selbst, an Bahre und düsteres Begängnis und letzte, schweigsame Fahrt.« (S. 523)

Als Thomas Mann sich im Mai 1911 von dem »düsteren« Schiff, das seine Frau und ihn nach Venedig brachte, in einer Gondel zur »Bäderinsel« rudern ließ, mag sich ihm der Gedanke an den Tod ganz besonders aufgedrängt haben: seine Schwester Carla, die 1907 und 1908 mit auf dem Lido gewesen war, hatte sich am 30. Juli 1910 das Leben genommen.

41. Ein Gondoliere, den Strohhut *»verwegen schief auf dem Kopfe«* (S. 525). Foto, um 1900.

In zeitgenössischen Reiseführern wurde vor der »Unverschämtheit mancher Gondelführer gegenüber sprachunkundigen Fremden« gewarnt: »Man nehme nur eine numerierte Gondel.«

Die Manns gerieten, als sie gegen Ende Mai 1911 in Venedig ankamen (wo sie bis zum 2. Juni blieben), an einen Gondoliere *»ohne Konzession«* (S. 527), wie in der Novelle beschrieben (Katia Mann: »Sämtliche Einzelheiten der Erzählung [...] [sind] passiert und erlebt«).

Sie »kamen mir vor wie Fährmänner, die Seelen zum Hades führen«, heißt es in den 1905 in zweiter Auflage erschienenen Reiseerinnerungen des Schriftstellers Heinrich Hansjakob (1837-1916) über die venezianischen Gondolieri. Der »Verlust der Lizenz oder des Patentes« drohte ihnen bei »Trunksucht« oder dem exzessiven Gebrauch von »Fluchwörtern«.

»Das »sonst nie vorkommende Leben zwischen dem warmen Meer« morgens am Strand »und der [...] Stadt« mit ihren vielen Sehenswürdigkeiten »am Nachmittag« hatte für das Ehepaar Mann seinen besonderen Reiz.
Im Mai 1907 erholte sich Thomas Mann mit seiner Frau und seinen Geschwistern Carla und Heinrich bei »phantastisch schönem Wetter« in der »Märchenstadt« Venedig (Heinrich Mann an seine Mutter Julia Mann, 10. Mai 1907). Sie wohnten im »Grand Hôtel Lido«, badeten in der Adria und »fuhren abends zur Stadt«, um »das Konzert« auf der Piazza San Marco »zu genießen« und Eis zu essen (Heinrich Mann an Ludwig Ewers, 12. Juni 1907). »Venedig war so zauberhaft wie immer, wir waren alle sehr entzückt und nahmen uns vor, dort wieder zusammenzukommen. Der Lido und Venedig, der Seestrand und diese Stadt, das ist mehr, als man sonst beisammen findet.« (Heinrich Mann an Julia Mann, 22. Mai 1907).
Da Heinrich Mann das »Seeklima« auf Dauer nicht vertrug, reiste er nach knapp zwei Wochen vorzeitig ab. Und auch Thomas Mann hatte offenbar Grund zur Unzufriedenheit – in einem Brief an den Bruder bezeichnete er am 27. Mai 1907 das »Grand Hôtel Lido« als »eine anspruchsvolle Spelunke«. Gleichwohl kamen die vier Manns auch im Jahr darauf (Mai 1908) wieder hierher (siehe S. 118).

42. Gondel-Anlegestelle am Lido, im Hintergrund (links) das »Grand Hôtel Lido«. Foto, nach 1910.
»Dampfer und Gondel landen am Westufer des Lido bei der kleinen Häusergruppe und dem Kirchlein S. Maria Elisabetta [...], von wo aus man zu Fuß in 8 Min. oder mit der elektr. Straßenbahn (10 c[entesimi]) quer über die Insel zum Meere gelangt.« (Geuters Venedig-Führer, 1910)

43. »*Zwei Munizipalbeamte* […], *die Gesichter der Lagune zugewandt*« (S. 527), mustern Neuankömmlinge (im Hintergrund das »Grand Hôtel Lido«). Ausschnitt aus einer Ansichtskarte, um 1910.

44. »*Aschenbach verließ am Stege die Gondel, unterstützt von jenem Alten, der an jedem Landungsplatze Venedigs mit seinem Enterhaken zur Stelle ist…*« (S. 527): Foto aus der von Thomas Mann regelmäßig gelesenen und intensiv ausgewerteten Zeitschrift »Die Woche«, 1907 (siehe Abb. 25). »Der nie fehlende Mann, der beim Ein- und Aussteigen behilflich« war, wurde »ganzer« genannt (*gancio*: Haken).

45. »*…und da es ihm an kleinerem Gelde fehlte, ging er hinüber in das der Dampferbrücke benachbarte Hotel, um dort zu wechseln […].*« (S. 527): Das »Grand Hôtel Lido« und die

»Haupt-Allee« (links), »die gerade auf das Badeetablissement zu[geht]« (Walter Benjamin, 1912). Ansichtskarte, nach 1910.

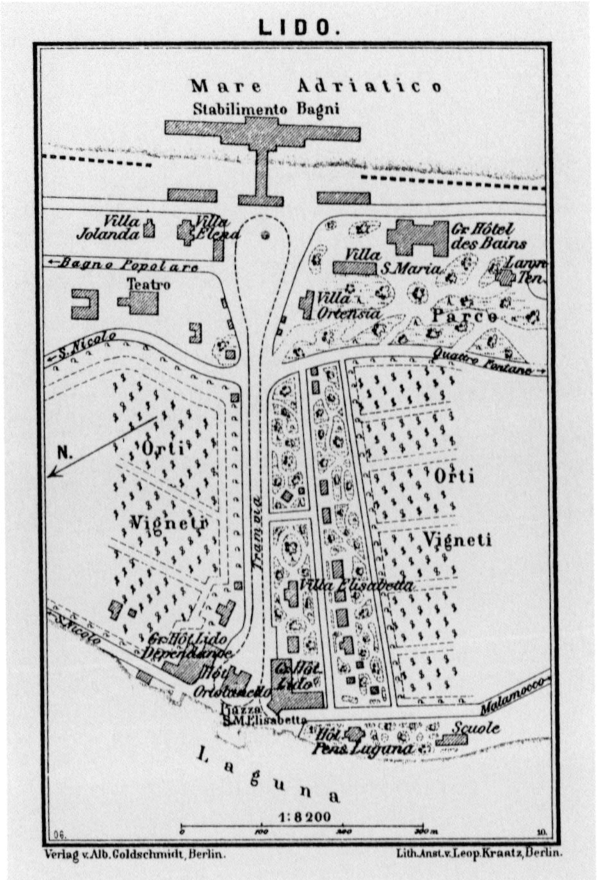

46. »*Er gab Weisung, sein Gepäck ins Bäder-Hotel zu bringen...*« (S. 527): der Weg von der Gondel-Anlegestelle (Piazza S.M. Elisabetta) bis zum »Grand Hôtel des Bains«, dem »Bäder-Hotel«. Karte aus Griebens Reiseführer »Venedig und Umgebung«, 1910-1911.

47. »*... und folgte dem Karren durch die Allee [...], welche, Tavernen, Basare, Pensionen zu beiden Seiten, quer über die Insel zum Strande läuft.*« (S. 527): Fußgänger in der »Haupt-Allee« des Lido, um 1910.

48. Vor dem Eingang des Grande Stabilimento Bagni, im Hintergrund das »Grand Hôtel des Bains«. Im Licht der Bogenlampen, die auf diesem Foto besonders gut zu erkennen sind, erblickt Aschenbach eines Abends Tadzio und verliert die Fassung (siehe S. 168 f.). Ansichtskarte, um 1910.

49. Der Eingang des »Großen Bade-Etablissements«. Ansichtskarte, 1910. Rechts eine Filiale der Firma Jesurum & Co., einer der im »Tod in Venedig« erwähnten Spitzenfabriken.

Mit »über 600 Kabinen für Männer und Frauen« (»Bäder-Almanach«, 1910) galt die seit den 1870er Jahren mehrfach erweiterte ›Badeanstalt‹ als eine der größten des Landes.

50. Die Terrasse des Grande Stabilimento Bagni. Foto, um 1910.

»Auf der Terrasse, die den freien Ausblick auf das Meer und den Badeplatz gewährt, sitzt das elegante Publikum an den kleinen marmornen Tischen, genießt die charakteristischen italienischen Erfrischungen wie *gelato* oder *granita*, oder schlürft die Eisgetränke durch Strohhalme, plaudernd oder dem Orchester lauschend, das im Großen Saal jeden Nachmittag spielt.« (Stanislaus Rejchan: »Auf dem Lido bei Venedig«, 1903)

51. Blick auf die Terrasse des Grande Stabilimento Bagni, um 1910.
»Unter der Terrasse tummeln sich die Badenden in den Wellen.« (Stanislaus Rejchan, 1903)

52. Besucherandrang auf der Terrasse des Grande Stabilimento Bagni, um 1910.
Der Blick von der Aussichtsplattform des »unvermeidlichen Lido« auf die »grenzenlose«, »blaue Adria« war für die Zeitgenossen Thomas Manns ein Muß – auch für jene, die es sich nicht leisten konnten, auf der »Bäderinsel« zu wohnen (»Die Woche« [Berlin], Nr. 40, 1. Oktober 1910).

53. Badende unterhalb der »großen Aussichtsterrasse«. Ansichtskarte, um 1910.
Nach 1900 wurde die Zahl der »überarbeiteten, nervenkranken, großstadtluftvergifteten Menschen«, die »an die Gestade« des Lido kamen und »die Heilkräfte des Meeres [suchten]«, von Jahr zu Jahr größer (Hermann Paull, 1908).

54. Der Strand beim Grande Stabilimento Bagni (links), um 1910.
»Der Wellenschlag ist nur ausnahmsweise gewaltig, fast immer lebhaft angenehm und nie gefährlich. Der Strand [...] ist der gefahrloseste, bequemste [...] für Damen und Kinder.« (»Bäder-Almanach«, 1910)

55. Ansichtskarte, um 1910.
»Für die Damen ist zwar ein besonderer Platz reserviert; die meisten baden jedoch, wie es in den französischen, belgischen und englischen Seebädern Sitte ist, mit den Herren zusammen.« (Stanislaus Rejchan, 1903)

Das am 5. Juli 1900 eröffnete »Grand Hôtel des Bains« machte den Lido zu einem der mondänsten Seebäder Italiens. Begeistert vom »schönsten Strand der Welt« waren sie alle: die »fürstlichen Persönlichkeiten«, die sich mit dem Geldadel auf dem »herrlichen Eiland« ein »Stelldichein« gaben (so das »Italia Touring Album«, 1911) – und die vielen Literaten, die nicht selten als Tagesausflügler von Venedig herüberkamen, weil ihnen die Preise in der Nobelherberge zu hoch waren.

Und sie alle gaben sich dem süßen Nichtstun hin: Georg Trakl wurde 1913 als furchtsamer Strandläufer im schwarzen Badeanzug fotografiert und soll von Peter Altenbergs Schwimm- und Tauchkünsten so beeindruckt gewesen sein, »daß er ihn immer als ›Herr Fischotter‹ angesprochen habe« (Andrew Barker). Peter Altenberg seinerseits (siehe S. 193) ließ gern den »wundervollen« (außerordentlich feinen) »Meeressand [...] durch die Finger gleiten« – für ihn »eine ›ästhetische Wollust‹«. Sehr viel mehr entzückten ihn freilich »die schönen Frauen« am Strand, »die wenigstens ihre herrlichen zarten weißen Füße, Zehen, Beine, Knie zeigen.«

»Am Lido« hat nur eine fleißige Trivialautorin ein Buch geschrieben: 1909 veröffentlichte die Österreicherin Irma von Hoefer (1865-1919) eine gleichnamige »Ehegeschichte« im Wiener Verlag Knepler.

56. Blick vom Meer auf das »Grand Hôtel des Bains«. Ansichtskarte, um 1910.
»[...] welchen Monat schreiben wir denn? Welches Jahrhundert seit Christi Geburt? [...] Arbeit, wo bist du? Was ist das, Schreibtisch? Nie habe ich die Wahrnehmung, daß der Mensch im Grunde zum Faulenzen geboren ist, deutlicher gemacht als unter der mittäglichen Lidosonne«, heißt es in einem Feuilletonartikel der Wiener »Neuen Freien Presse« über den »Venezianischen Sommer« des Jahres 1913. »An diesem [...] Strand [...] ist der Sommer so tief, so süß, so köstlicher Wärme voll, daß die Erinnerung an die mitteleuropäische Wirklichkeit beinahe ins Meer versunken ist.«

»Was wir denn eigentlich den ganzen lieben langen Tag auf dem Lido machen, fragen die Leute und können sich nicht genug wundern, wenn ich antworte: ›Sehen, hören, riechen, fühlen, schmecken‹«, schreibt die Wagner-Sängerin Anna Bahr-Mildenburg (1872-1947), die seit 1909 mit dem Schriftsteller Hermann Bahr (1863-1934) verheiratet war, in ihren Erinnerungen. »Wir legen uns in den Sand, schließen die Augen, und das Meer rauscht uns wunderbare Dinge zu, Dinge, die uns das Alltagsleben hat vergessen lassen, Wünsche zum Guten und Schönen, Sehnsucht nach Befreiung und Entlastung vom Kleinkram unseres Daseins. Auf den Lippen liegt ein salziger Geschmack, und der Geruch des Seetangs steigt in die Nase.«

Doch nicht immer scheint man so entspannt gewesen zu sein, wie diese Reminiszenzen und die Skizzenbuch-Einträge ihres Mannes vermuten lassen (auf dem Lido, 1904: »in Fernen schauen [...], stilles Sitzen, ruhiges Lehnen genießen lernen«).

»Du tust hier wirklich nichts als fressen und buhlen [flirten, R.P.]«, warf Hermann Bahr am 25. Juli 1907 seiner späteren Gattin auf dem Lido vor – und hielt auch ihre schlagfertige Antwort im Tagebuch fest: »Sie: Gott sei Dank!«.

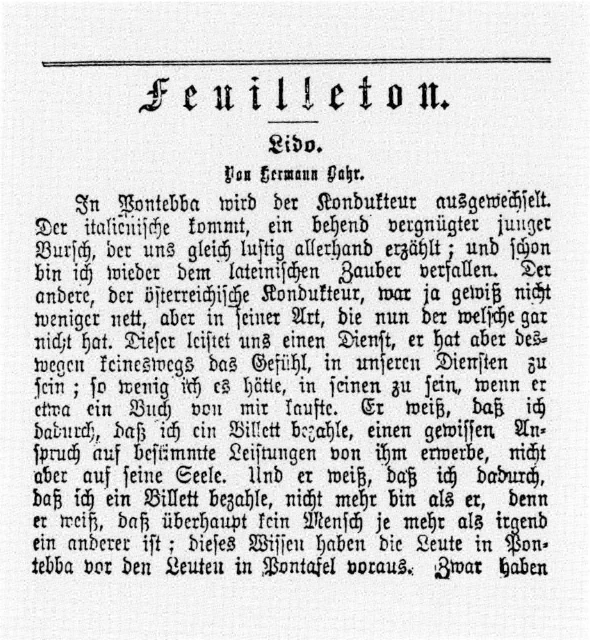

Feuilleton.

Lido.

Von Hermann Bahr.

In Pontebba wird der Kondukteur ausgewechselt. Der italienische kommt, ein behend vergnügter junger Bursch, der uns gleich lustig allerhand erzählt; und schon bin ich wieder dem lateinischen Zauber verfallen. Der andere, der österreichische Kondukteur, war ja gewiß nicht weniger nett, aber in seiner Art, die nun der welsche gar nicht hat. Dieser leistet uns einen Dienst, er hat aber deswegen keineswegs das Gefühl, in unseren Diensten zu sein; so wenig ich es hätte, in seinen zu sein, wenn er etwa ein Buch von mir kaufte. Er weiß, daß ich dadurch, daß ich ein Billett bezahle, einen gewissen Anspruch auf bestimmte Leistungen von ihm erwerbe, nicht aber auf seine Seele. Und er weiß, daß ich dadurch, daß ich ein Billett bezahle, nicht mehr bin als er, denn er weiß, daß überhaupt kein Mensch je mehr als irgend ein anderer ist; dieses Wissen haben die Leute in Pontebba vor den Leuten in Pontafel voraus. Zwar haben

57. Hermann Bahr: »Lido«. Feuilletonartikel in der Wiener »Neuen Freien Presse«, Nr. 16162, 19. August 1909.
Sonne, Sand und Wasser waren Hermann Bahr wichtiger als »die tote Stadt« Venedig, das Freilicht-»Museum für […] Dozenten der Kunstgeschichte«. Jahrelang kam er regelmäßig an den Lido (siehe S. 192).

58. Carl Michael Ziehrer (1843-1922), »der letzte Walzerkönig«.

»Wie schön, wie verschwenderisch gesegnet ist das Leben – jeder sagt es sich, vom Handlungsgehilfen auf der obersten Galerie bis zum Lebemann in der Proszeniumsloge, und läßt sich selig vom Glück dieser strahlenden Sonntagsmenschen beglänzen, die im Frack zur Welt gekommen sind, sich von Kaviar, Austern, Champagner nähren, deren Dasein sich in Ballsälen, auf illuminierten Hotelterrassen [...] festlich vollendet, denen eine Welt von Erbinnen, Kokotten und Oberkellnern zu Füßen liegt.« (Thomas Manns Schwager Klaus Pringsheim in seiner Polemik »Operette«, die 1912 in den »Süddeutschen Monatsheften« erschien)

1907 wurde die Operettenwelt des »unvergleichlichen Seebads« (»Wiener klinische Rundschau«, 1912) Operettenstoff: am 31. August des Jahres brachte der bekannte österreichische Komponist Carl Michael Ziehrer im Wiener Varieté »Kolosseum« sein Bühnenwerk »Am Lido« zur Uraufführung, in dem – wie es in einer Besprechung hieß – »lustige Wiener Leute [...] am Lidostrand [...] in allerlei Liebesaffären verwickelt« wurden. Bis auf das Lied »Bitt' Euch Kinder seid's net fad, heut' geh'n ma's an, heut' wird gedraht« [*drahn,* wienerisch: die Nacht zum Tag machen, R.P.] ist von der »gefälligen« Operette, die bereits Anfang Oktober wieder aus dem Spielplan verschwand, nichts überliefert.

rechts **59.** Johann Strauß (Sohn), »k.k. Hofballmusik-Director«: »Lagunen-Walzer nach Motiven der komischen Oper ›Eine Nacht in Venedig‹«, op. 411 (1883). Bearbeitung »für Piano leicht«, um 1900.

»Wenn vom Lido sacht / Wieder Kühlung weht [...]« – der Beginn der Operette »Eine Nacht in Venedig« war um 1900 ebenso in aller Munde (und Ohren) wie die Barcarole »Komm in die Gondel, mein Liebchen«, die den Lido als Liebesinsel besingt: »Dort sollst du mir sagen / Ein süßes, beglückendes Wort: / Sehnsüchtig Klagen / Findet Erhörung dort!«

Im »Tod in Venedig« hat Thomas Mann Venedig-Klischees der komischen Popularmusik (und der Reiseliteratur) in ihr tragisches Gegenteil gewendet: Statt des sacht-kühlenden Windes und »weicher, von Sinnen- und Lebenslust erfüllter Luft«, die Venedig »von jeher« zur »Stadt der Liebe« machte (Fritz Marti, 1914), fauliger Geruch und »*Fieberdunst*« (S. 542) der Lagune. Statt der »Erhörung« im »Mondlicht« (Johann Strauß) das in jedem Wortsinne un-erhörte stumme Begehren Aschenbachs im Schein der Bogenlampen des »Grand Hôtel des Bains« (siehe S. 168 f.). Venedig und der Lido sind in seiner Erzählung Orte einer *invertierten* Liebe (um 1900 wurde Homosexualität als *invertierte*, d. h. umgekehrte *Triebrichtung* bezeichnet; Mann selbst bekannte sich in einer Tagebuchnotiz vom 17. September 1919 zu »meiner sexuellen Invertiertheit«).

LAGUNEN-WALZER

von

JOHANN STRAUSS.

Op. 411.

Grosser Erfolg: Strauss, Joh., Op. 410. Frühlingsstimmen, Walzer, M. 1.80 Pf.   C. 25990.   Aufführungsrecht vorbehalten.

60. »Excelsior Palace Hotel«. Kolorierte Reklame-Postkarte, um 1913. Vor allem durch den 1908 eröffneten Hotel-Palast »im maurisch-venezianischen Stil«, für damalige Verhältnisse »von enormen Dimensionen« (400 Zimmer) und »in

verschwenderischem Luxus ausgestattet« (Carl Happich, 1908), wurde der Lido di Venezia zum Inbegriff einer Insel der Reichen und Schönen.

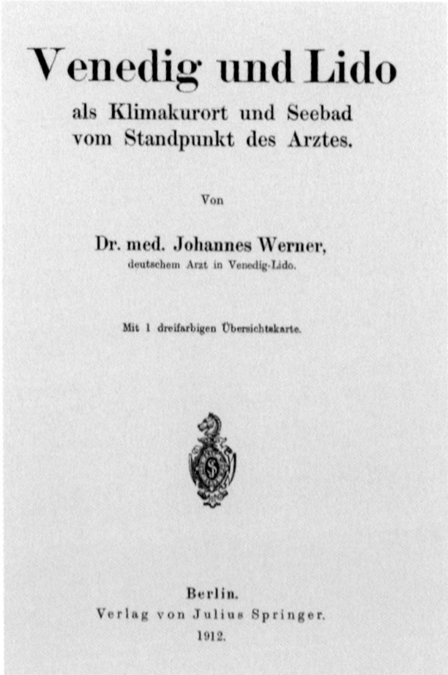

Venedig und Lido

als Klimakurort und Seebad
vom Standpunkt des Arztes.

Von

Dr. med. Johannes Werner,
deutschem Arzt in Venedig-Lido.

Mit 1 dreifarbigen Übersichtskarte.

Berlin.
Verlag von Julius Springer.
1912.

61. Johannes Werner, »Spezialarzt für Frauenkrankheiten«, war vor dem Ersten Weltkrieg der bekannteste deutschsprachige Mediziner in Venedig. Seine Broschüre (75 S.) ist im Antiquariatsbuchhandel kaum noch greifbar.

»Hauptvorzug des Lidobades« war für ihn das »*Badehüttenleben*«, dem er »den allergrößten Teil der Wirkung auf Gesunde und Leidende« zuschrieb (siehe auch S. 121). »In leichtester Bekleidung kann man nach Belieben im Sand oder im Schatten liegen, Strandspaziergänge machen oder sich in die Fluten werfen. [...] Bei der immer leicht bewegten Luft [...] und der fast ununterbrochenen Reihe schöner Tage ist ein so dauernder Genuß des Strandlebens, des Lebens im Freien, möglich, wie kaum sonst wo.«

Am Lido im Hotel des Bains[16])
Bekommt man einen schönen Teint[17]
Vorausgesetzt, wenn man dort wohnt
Und sein Gesicht am Meere sonnt.
Die Haut wird braun wie Stiefelleder
Und der Prozeß heißt Sonnenbäder.
Wer anfangs liegt zu lang im Sand,
Bekommt am Meer den Sonnenbrand.
Man rufe nicht die Feuerwehr,
Mit Vaselín erreicht man mehr.

Am Lido auf der Sandbank wird
Dein Lebenswechsel prolongiert,
Wer nicht am Lido wird gesund,
Der hat zum Sterben allen Grund.

Am Lido das Excelsior
Hat raffiniertesten Comfort

16) spr. de Bäng. 17) spr. täng.

62. »Wer nicht am Lido wird gesund, / Der hat zum Sterben allen Grund«: eine Anspielung auf den »Tod in Venedig« in der bibliophilen Rarität »Heiterer Weg-, Sprach- u. Sittenführer durch die Seestadt Venedig«, Venedig 1914 (»Der Text ist frei nach Baedecker [!]. Musik: Lagune und das Meer«; »Druck von Max Volk/München«).
Das kuriose Büchlein von 200 Seiten Umfang erschien in kleiner, numerierter Auflage und ist in keiner öffentlichen Bibliothek mehr vorhanden. Sein Verfasser, der Münchner Autor Joseph Naager (1869-1942), war ein Bruder des bekannteren impressionistischen Malers Franz Naager (1870-1942), der seit 1896 in Venedig lebte.

63. »Grand Hôtel des Bains«. Kolorierte Reklame-Postkarte, um 1913. Mit vier Personenaufzügen, »elektr. Beleuchtung, Telephon usw.« befand sich das Hotel zwar technisch »auf

der Höhe des XX. Jahrhunderts« (»Bäder-Almanach«, 1910). Eine dreispurige Flaniermeile vor dem Haus hat es aber nie gegeben.

64. »*Er betrat das weitläufige Hotel von hinten, von der Gartenterrasse aus […].*« (S. 527): Rückseite des »Grand Hôtel des Bains« (Foto, nach 1910) mit einem Teil des ›großartigen und weitläufigen Parks‹ (Hotelwerbung um 1911: »Grandioso e vasto Parco di 30 000 mq«), in dem Aschenbach von seinen Gefühlen für Tadzio überwältigt wird (siehe S. 168 f.).

65. Vorderansicht des »Grand Hôtel des Bains« (Ansichtskarte, um 1910). Aschenbach logiert im zweiten Stock, vermutlich in einem Einzelzimmer im Mittelteil, *»dessen hohe Fenster die Aussicht aufs offene Meer gewährten«* (S. 528).

66. Der »*Promenadenquai*«, auf dem Aschenbach nach dem Tee auf der Terrasse der Seeseite »*eine gute Strecke in der Richtung auf das Hotel Excelsior*« (S. 529) spazierengeht (Ansichtskarte, um 1910).

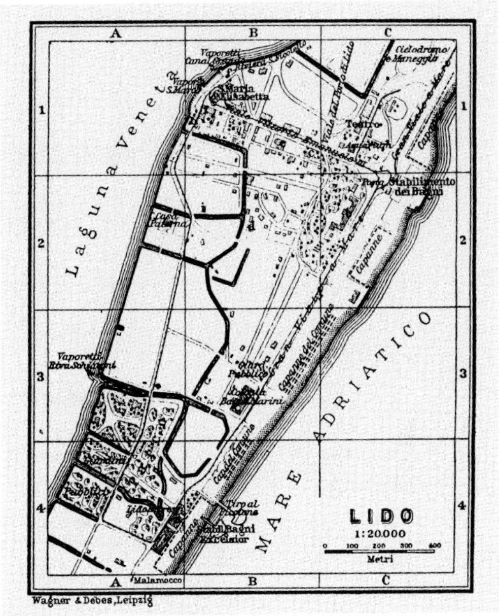

67. Der Weg vom »Grand Hôtel des Bains« (C 2: b) zum »Excelsior Palace Hotel« (A 4: a). Karte aus dem Reiseführer »Baedekers Ober-Italien« (1911).

68. Elio Ximenes: »Der schönste Strand der Welt« (vor dem »Excelsior Palace Hotel«). Kolorierte Ansichtskarte, um 1910.

PALACE
RESTAURANT
KURSAAL

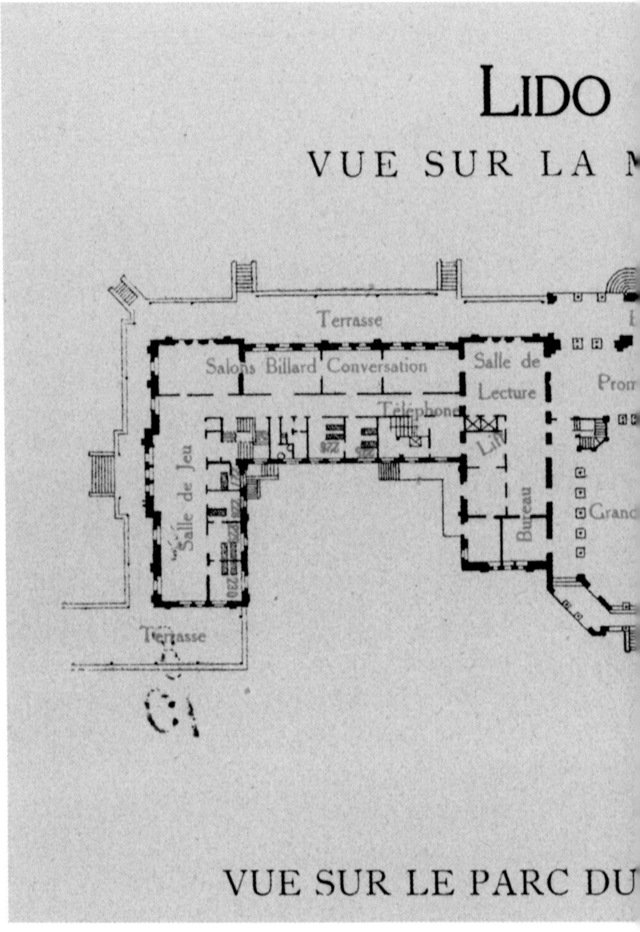

69. Grundriß der *»unteren Räume«* (S. 551) des »Grand Hôtel des Bains«, um 1910.
In der Mitte der Festsaal (S. 527: *»große Halle«*). Links daneben die Rezeption (»Bureau«, bei Thomas Mann: *»Office«*).

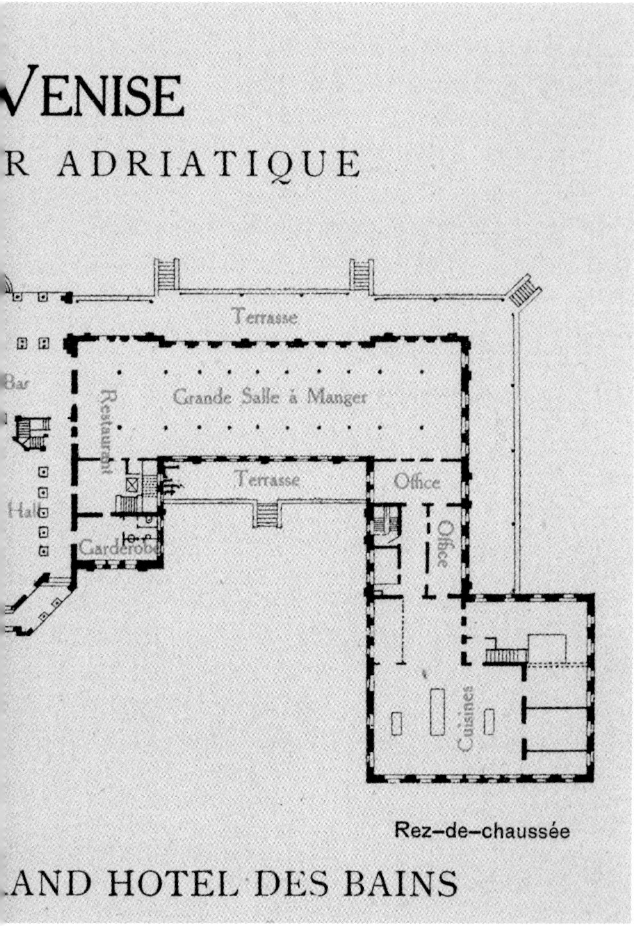

Rechts das »*Buffetzimmer*« (»Restaurant«) »*zwischen Halle und Speisesaal*«, in dem Tadzio und die Seinen in einer »*Fensterecke*«, »*schräg gegenüber der Tür und zwei Tische*« von dem Aschenbachs entfernt, frühstücken (S. 533 und S. 543).

»*Der slawische Bestandteil schien vorzuherrschen.*« (S. 529) In einer der letzten Szenen des Visconti-Films »Tod in Venedig« (1971) hört ein bärtiger Mann im ›Russenkittel‹ einer Dame (Masha Predit) im Strandkorb dabei zu, wie sie ein russisches »Wiegenlied« von Modest Mussorgsky singt. Gäste aus Osteuropa dürfte es auf dem Lido vor dem Ersten Weltkrieg »nicht wenige gegeben haben« (Volker Hage). Dokumente, die dies im einzelnen belegen könnten, existieren im »Grand Hôtel des Bains« nicht mehr: Nach Auskunft der Direktion wurden sie 1916 bei einem Brand vernichtet.

70. Sergej Diaghilew, der Schöpfer des modernen Balletts (links), und der Tänzer Waclaw Nijinsky in Venedig. Foto, um 1911. Wiederholt logierte Diaghilew mit seinem Partner Nijinsky im »Des Bains«, einem der Lieblingshotels des homosexuellen Russen. Auch andere Russen, etwa der Maler Leon Bakst, der 1909 Nijinsky am Strand porträtierte, waren dort zu Gast. Für Diaghilew, der Thomas Manns »Tod in Venedig« schätzte (und verschenkte), wurde der Lido zum Schicksalsort: 1929 starb er im »Grand Hôtel des Bains«, in einem Zimmer im fünften Stock.

71. *»Ein langhaariger Knabe von vielleicht vierzehn Jahren. [...] Sein Antlitz, bleich und anmutig verschlossen, [...] mit der gerade abfallenden Nase, dem lieblichen Munde«* (S. 529 f.): Wladyslaw Moes (1900-1986), nach 1911.
Thomas Mann »hatte sofort ein Faible für diesen Jungen, er [...] hat ihn auch immer am Strand [...] beobachtet. Er ist ihm nicht durch ganz Venedig nachgestiegen, das nicht, aber der Junge hat ihn fasziniert, und er dachte öfters an ihn.« (Katia Mann)

Durch einen Artikel in der Münchner Zeitschrift »twen« wurde 1965 bekannt, daß der polnische Mann-Übersetzer Andrzej Dolegowski in der »Familienchronik« des damals in Warschau lebenden Wladyslaw Moes »Notizen über den plötzlichen Aufbruch [...] seiner Familie, als in Venedig die ersten Anzeichen der Cholera-Epidemie auftauchten« gefunden habe, die mit dem »Tod in Venedig« angeblich »ziemlich [übereinstimmten]«. Diese Aufzeichnungen scheinen jedoch bis heute nicht publiziert worden zu sein.
1977 erfuhr der »Literaturtourist« Dietmar Grieser im Gespräch mit Moes – dem Sohn eines adligen polnischen Papierfabrikanten –, daß ein Wiener Nervenarzt dem blassen Jungen seinerzeit zur Luftveränderung riet und er deshalb mit seiner Mutter, drei Schwestern und einem slowenischen Kindermädchen (Lina Perisich aus Celje) 1911 an den Lido reiste.
In der Novelle wurde aus dem dunkelhaarigen *Adzo* (wie Moes als Kind gerufen wurde) ein *»honigfarbener«* Tadzio (S. 530). Seinem Biographen Arthur Eloesser verriet Thomas Mann 1925, daß auch das ›Vorbild‹ für die blonde Inge in der Erzählung »Tonio Kröger« (1903) »in Wahrheit [...] eine Brünette« war.

GRAND HOTEL DES BAINS

Preis Courant

Schlafzimmer (je nach Grösse, Lage und den einzelnen Monaten)
mit einem Bett von L. 4.— per Tag aufwärts
mit zwei Betten von „ 6.— „ „ „

Wohnzimmer je nach Lage und Grösse von L. 10 per Tag aufwärts.
Dienerzimmer L. 1.50 — Kinderbett L. 1.—

Pension für Kost bei mindestens 7 Tage Aufenthalt

L. 8 per Tag und Person, folgende Pension: (1) **Erstes Frühstück** (Kaffee, Thee, Chokolade etc. Brod und Butter) – (2) **Gabelfrühstück** (3 Tagesgerichte, Käse und Früchte) – (3) **Diner** (5 Gerichte und Nachtisch).

NB. — Spezielle ermässigte Preise für Familien aus mehreren Personen bestehend.

Table d' Hôte und Restauration's Preise

Kaffee, Thee, Chokolade, complett . . . . . . L. 1.50
Lunch, bestehend aus drei Tagesgerichten, Käse und Butter auf kleinen Tischen (Table d'Hôte) im grossen Speisesaal servirt » 3.50
» im Restauration's Saale servirt . . . . . . » 4.00
» im Wohnzimmer servirt . . . . » 5.00
Diner, bestehend aus fünf Gerichten und Nachtisch im Speise Saale auf kleinen Tischen servirt (Table d' Hôte) . » 5.00
» im Restauration's Saale servirt . . . . . . » 6.00
» im Wohnzimmer servirt . . . . » 8.00

Restauration à la carte (Französische Küche zu jeder Zeit)

Ausgewählter Keller

Dienerschaften: drei Mahlzeiten, Wein inbegriffen L. 5.00

Direktor: *A. Tépérino.*

72. Preisliste des »Grand Hôtel des Bains« (alle Angaben in Lire) aus einem mehrsprachigen Prospekt, nach 1900.

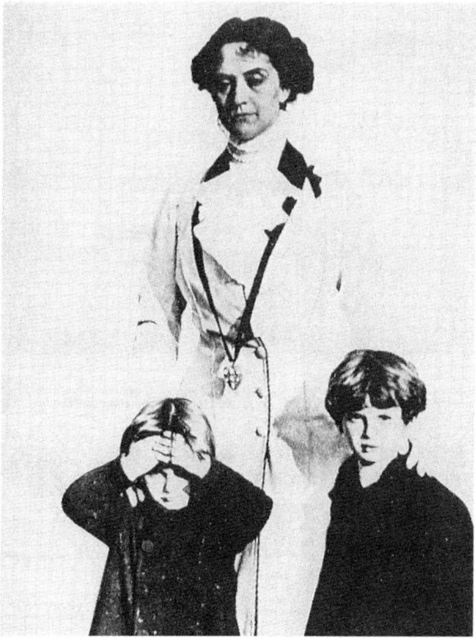

73. Donna Carla, die Mutter des Regisseurs Luchino Visconti (links), mit ihren beiden Söhnen, um 1912.
»*[…] eine große Frau, grauweiß gekleidet und […] mit Perlen geschmückt […]. Die Haltung dieser Frau war kühl und gemessen […].*« (S. 531)
Mit der Verfilmung der Mann-Novelle hat der Regisseur einmal mehr seiner aristokratischen Mutter, die 1912 mit ihren Kindern die Sommerferien auf dem Lido verbrachte, ein Denkmal gesetzt. »Die polnische Adelige […], die bei Thomas Mann nur nebenher als eine perlentragende, nicht einmal besonders attraktive Person […] erscheint, gewinnt durch Visconti eine ganz neue Dimension. Aus dem Nichts der Episodenfigur wird die marmorn-schöne […] Silvana Mangano.« (Jean Améry)

»Aus irgendeinem Grunde wandte er sich um, bevor er die Schwelle überschritt [...]« (S. 532).
Im »Tod in Venedig« wird das Motiv der Schwelle (und ihrer Übertretung) vielfach variiert (siehe auch S. 8): vom Passieren des Uhrturms, das *»einen völligen Umschwung seiner Stimmung, seiner Entschlüsse«* (S. 541) zur Folge hat, dem dionysischen *»Angst-Lust«*-Traum – der Begriff der »Angstlust« wurde 1914 von Hans von Hattingberg geprägt –, bis hin zu Aschenbachs kosmetischem »Sichverjüngenlassen, Sichzurückversetzenlassen« (Bruno Frank, 1913) beim Friseur und dem letzten Blick zwischen Tadzio und ihm an der Schwelle des Todes (siehe S. 220).
Wenn es stimmt, daß die Novelle »unter dem unmittelbaren Einfluß Freuds entstanden« ist (Thomas Mann 1925 in einem Interview), könnte der Dichter im Band III (1911) des von Freud mitherausgegebenen »Jahrbuchs für psychopathologische und psychoanalytische Forschungen« auf Herbert Silberers Aufsatz über »Schwellenszenen« in Träumen gestoßen sein. Möglicherweise wußte er auch von Arnold van Genneps Buch »Les rites de passage« (Paris 1909), einer Studie zu »Übergangsriten«, »solchen der Annäherung, der Schwelle, der Überschreitung der Schwelle«, die der mit Mann befreundete Literarhistoriker und Philologe Richard Moritz Meyer 1909 in der Berliner »Zeitschrift des Vereins für Volkskunde« rezensiert hatte.

rechts **74.** Ausschnitt aus dem Erstdruck der Erzählung »Der Tod in Venedig« in der Zeitschrift »Die neue Rundschau« des S. Fischer Verlages, Zehntes Heft, Oktober 1912. In der »Einladung zum Abonnement auf den Jahrgang 1912« (Erstes Heft, Januar 1912) hatte der verantwortliche Redakteur

einzig durch ihren Schmuck, der in der Tat kaum schätzbar war und aus Ohrgehängen, sowie einer dreifachen, sehr langen Kette kirschengroßer, mild schimmernder Perlen bestand.

Die Geschwister waren rasch aufgestanden. Sie beugten sich zum Kuß über die Hand ihrer Mutter, die mit einem zurückhaltenden Lächeln ihres gepflegten, doch etwas müden und spitznäsigen Gesichtes über ihre Köpfe hinwegblickte und einige Worte in französischer Sprache an die Erzieherin richtete. Dann schritt sie zur Glastür. Die Geschwister folgten ihr: die Mädchen in der Reihenfolge ihres Alters, nach ihnen die Gouvernante, zuletzt der Knabe. Aus irgendeinem Grunde wandte er sich um, bevor er die Schwelle überschritt, und da niemand sonst mehr in der Halle sich aufhielt, begegneten seine eigentümlich dämmergrauen Augen denen Aschenbachs, der, seine Zeitung auf den Knien, in Anschauung versunken, der Gruppe nachblickte.

Was er gesehen, war gewiß in keiner Einzelheit auffallend gewesen. Man war nicht vor der Mutter zu Tische gegangen, man hatte sie erwartet, sie ehrerbietig begrüßt und beim Eintritt in den Saal gebräuchliche Formen beobachtet. Allein das alles hatte sich so ausdrücklich, mit einem solchen Akzent von Zucht, Verpflichtung und Selbstachtung dargestellt, daß Aschenbach sich sonderbar ergriffen fühlte. Er zögerte noch einige Augenblicke, ging dann auch seinerseits in den Speisesaal hinüber und ließ sich sein Tischchen anweisen, das, wie er mit einer kurzen Regung des Bedauerns feststellte, sehr weit von dem der polnischen Familie entfernt war.

Müde und dennoch geistig bewegt, unterhielt er sich während der langwierigen Mahlzeit mit abstrakten, ja transzendenten Dingen, sann nach über die geheimnisvolle Verbindung, welche das Gesetzmäßige mit dem Individuellen eingehen müsse, damit menschliche Schönheit entstehe, kam von da aus auf allgemeine Probleme der Form und der Kunst und fand am Ende, daß seine Gedanken und Funde gewissen scheinbar glücklichen Einflüsterungen des Traumes glichen, die sich bei ernüchtertem Sinn als vollständig schal und untauglich erweisen. Er hielt sich nach Tische rauchend, sitzend, umherwandelnd, in dem abendlich duftenden Parke auf, ging zeitig zur Ruhe und verbrachte die Nacht in anhaltend tiefem, aber von Traumbildern verschiedentlich belebtem Schlaf.

Das Wetter ließ sich am folgenden Tage nicht günstiger an. Landwind ging. Unter fahl bedecktem Himmel lag das Meer in stumpfer Ruhe, verschrumpft gleichsam, mit nüchtern nahem Horizont und so weit vom Strande zurückgetreten, daß es mehrere Reihen langer Sandbänke freiließ. Als Aschenbach sein Fenster öffnete, glaubte er den fauligen Geruch der Lagune zu spüren.

Verstimmung befiel ihn. Schon in diesem Augenblick dachte er an Ab-

1388

Oskar Bie angekündigt, »von unsern Dichtern die auserwählten Werke zu veröffentlichen, die für die Kraft der modernen Produktion bezeichnend sind«, und unter den zu erwartenden »umfassenden Arbeiten« an zweiter Stelle, nach Annette Kolbs Roman-Erstling »Das Exemplar«, »Thomas Mann: Der Tod in Venedig. Novelle« hervorgehoben.

75. Der Speisesaal des »Grand Hôtel des Bains« mit den von Thomas Mann erwähnten »*Tischchen*«. Foto, um 1911.

76. Die »Verbindung des Elementaren mit dem Komfortablen« schätzte Thomas Mann seit seiner Kindheit: Werbeannonce (1884) des »Strand-Hôtels« in Glücksburg an der Ostsee, das im August 1912 abbrannte und vollständig renoviert wurde.
Als der kleine »Tommy« im Sommer 1884 mit seiner Familie die Ferien an der Flensburger Förde verbrachte, scheinen »Hanni«, der Sohn des Hotelpächters Siegmund Satz, und er sich nähergekommen zu sein (Thomas Mann: Tagebuchnotiz, 24. Juli 1919). Im »Tod in Venedig« wirken einige seiner »Knabengefühle« nach (siehe S. 222).

Nicht nur Gustav von Aschenbach, dessen »*Verstimmung*« sich unter dem Einfluß des Scirocco bis zu jenem »*abscheulichen Zustand*« steigert, »*der zugleich Erregung und Erschlaffung ist*«, macht das Wetter in Venedig zu schaffen (S. 533 und 541 f.). Thomas Mann klagte am 16. Mai 1908 in einem Brief an Ludwig Ewers, daß auf dem Lido »jetzt [...] leider Scirokko« herrsche, »eine niederträchtige, entnervende Windart, die uns wohl zwingen wird, dem Meere, das [...] meine Frau und ich über Alles lieben, Lebewohl zu sagen [...]«.

Da das Unwohlsein auch nach der Rückkehr nach München anhielt, suchte er seinen Hausarzt Albert Loeb (1865-1919) auf, der ihn »wegen Schmerzen im Kopf, Magen u[nd] allen Gliedern« behandelte und erklärte, »der Lido sei zu stark für [ihn]« (auf diese gesundheitliche Krise wird im »Tod in Venedig« an nicht weniger als drei Stellen angespielt. S. 533: »*Einmal, vor Jahren, hatte nach heiteren Frühlingswochen hier dies Wetter ihn heimgesucht und sein Befinden so schwer geschädigt, daß er Venedig wie ein Fliehender hatte verlassen müssen*«; S. 542 und 545).

DIE

GEOPSYCHISCHEN ERSCHEINUNGEN

WETTER, KLIMA UND LANDSCHAFT
IN IHREM EINFLUSS
AUF DAS SEELENLEBEN

DARGESTELLT

VON

WILLY HELLPACH

DR. PHIL. ET MED.
PRIVATDOZENT DER PSYCHOLOGIE
IN KARLSRUHE

LEIPZIG
VERLAG VON WILHELM ENGELMANN
1911

77. Titelblatt einer Pionierarbeit der Umweltpsychologie (1911), in der es über die Wirkung des Scirocco (»Glutwind«) heißt: »[...] das erste Anzeichen ist nicht selten ein unvermittelter Wandel der vorher heiteren Stimmung ins Mißmutige, Verdrossene, Bange, Beklommene, Unruhige. [...] Den Höhepunkt erreicht der Zustand während der Herrschaft des Glutwindes. Ganz vermag sich auch der gesunde und sonst wetterindifferente Mensch dem Einfluß eines [...] Sciroccos nicht zu entziehen«. In den romanischen Ländern sei der »Scirocco [...] ein Entschuldigungsvorwand für alle Pflichtversäumnisse (durch seine ermattende Wirkung) und selbst ein Entschuldigungsmoment für manche Ausschreitungen, namentlich erotische (durch seine erregende Wirkung) geworden.«

78. Eine Gruppe von »*barfüßigen Alten […] in Leinwandhose, Matrosenbluse und Strohhut*«, die sich am Lido »*als Bademeister tätig zeigten*« (S. 535). Foto, nach 1910.

79. »Kapannen« (»die beliebten Strandhütten«) vor dem »Grand Hôtel des Bains«. Ansichtskarte, um 1910.
»Das Strandbild, dieser Anblick sorglos sinnlich genießender Kultur am Rande des Elementes, unterhielt und erfreute ihn wie nur je.« (S. 535)
Den Lesern der ›Leipziger Illustrierten Zeitung‹ wurden die Funktionsweise der »eigenartigen«, zwölf Quadratmeter großen »Gebäude« aus Holz mit ›vorgebautem Zeltdach‹ folgendermaßen erklärt: »Der hintere Teil wird als Ankleidekabine benutzt, während der vordere dazu dient, Besuche zu empfangen, Siesta zu halten und Mahlzeiten einzunehmen. Die Hütten werden für die Dauer der Saison gemietet, und hier verbringen die Familien den ganzen Tag; nur zu den Hauptmahlzeiten und zur Nacht kehren sie in die Hotels zurück.« (Stanislaus Rejchan, 1903)

80. Die »*flache See*« vor dem »Grand Hôtel des Bains«, »*belebt von watenden Kindern*«. »*Andere ruderten in kleinen rot und blau gestrichenen Booten [...].*« (S. 535) Ansichtskarte, um 1910.

81. »*Vor der gedehnten Zeile der Capannen, auf deren Plattformen man wie auf kleinen Veranden saß, [...] lustwandelten einzelne in weißen Bademänteln [...].*« (S. 535) Ansichtskarte, um 1910.

82. Die Badekarren (Umkleidekabinen auf Rädern) links verdecken auf diesem Foto jene »*Hütten, die quer zu den übrigen und zum Meere standen und auf dieser Seite einen Abschluß des Strandes bildeten*« (S. 536).

83. »*Aschenbach […] liebte das Meer aus tiefen Gründen […].*« (S. 536): »Wellengang am Lido«. Kolorierte Ansichtskarte, um 1910.

»[…] das Meer hielt mich fest«, schrieb Thomas Mann im Sommer 1907 über seine Ferien »am Lido« (Brief an Hilde Distel, 22. Juli 1907). Im Unterschied zu Aschenbach, der nie auch nur eine große Zehe in die Adria tauchte, badete der Verfasser des »Tod in Venedig« sehr gern in der See. Dagegen scheint er für andere Wassersportarten nicht viel übrig gehabt zu haben: »Segeln thäte er nicht, das hätte für ihn etwas zu ›gewaltsames‹«, erklärte er im August 1912 gegenüber seinem Besucher Friedrich Huch in Bad Tölz (der diese »dumme« Äußerung in einem seiner unveröffentlichten Tagebücher überliefert hat [Stadtarchiv Braunschweig]).

84. Wladyslaw Moes, seine Schwestern und sein Spielgefährte Janek Fudakowski (rechts) am Lido. Foto, 1911.
»Einer namentlich, Pole gleich ihm, ein stämmiger Bursche, der ähnlich wie ›Jaschu‹ gerufen wurde, mit schwarzem, pomadisiertem Haar […], schien sein nächster Vasall und Freund.« (S. 538)

85. Ein venezianischer »Obstmann, der seine zwei schweren Körbe an den beiden Enden einer gebogenen Stange« transportierte »und diese [...] geschickt auf den Achseln balanciert[e]« (Anna Bahr-Mildenburg: »Strandfiguren vom Lido«). Abbildung aus: »Illustrierter Führer durch Venedig«, herausgegeben von Leo Woerl (1908).
Von einem Obstverkäufer am Lido ersteht Aschenbach Erdbeeren, die er verzehrt, während er sich am Anblick Tadzios ergötzt. Daß Erdbeeren als ›Liebesfrüchte‹ gelten – und als solche etwa in Novellen von Maupassant und Zola (»Die Erdbeeren«, deutsch 1901) genossen werden –, konnte Mann als bekannt voraussetzen.

86. Kolorierte Ansichtskarte, 1910.
»*Trägheit fesselte den Geist, indes die Sinne die ungeheure und betäubende Unterhaltung der Meeresstille genossen.*« (S. 539)
»Wenn man«, so ein »Lidopilger« 1914 in der »Österreichischen Touristen-Zeitung«, »wohlig im feinen Dünensand vergraben, Welle um Welle an sich herankommen läßt und mit halbgeschlossenen Augen in die Sonne blinzelt, fühlt man sich eigenartig bewegt. [...] Stunde um Stunde verrinnt in traumhaft unbewußtem Dämmern, langsam spürt man jedes Maß von Raum und Zeit entgleiten, und alle Gegenwart ringsum zerfließt in wesenloses Nichts.«

87. »*[...] das Meer mochte flach sein bis weit hinaus.*« (S. 539): Blick auf die Adria. Ansichtskarte, um 1910.

Als einer der ersten Literaten hat Thomas Mann die latente Erotik des Fahrstuhlfahrens erkannt – die Bezeichnung »*Kämmerchen*« erlaubt durchaus die Assoziation »Flirtstübchen (zu deutsch Chambre séparée)« (Hans Barth-Rom, 1911). So scheint denn auch niemand anders als »*der schweizerische Liftführer*« fast ein ›Mitwisser‹ von Aschenbachs geheimer Leidenschaft zu sein, wenn er ihn nach seinem mißlungenen Fluchtversuch lächelnd mit den vielsagenden Worten »›*Pas de chance, monsieur*‹« empfängt (S. 548).
Im engen Lift, unbeaufsichtigt von Gouvernante und Mutter, ist Tadzio den Blicken Aschenbachs preisgegeben, der intime Raum der Fahrstuhlkabine verschafft diesem die Gelegenheit, das Äußere des schönen Knaben ungestört »*nicht in bildmäßigem Abstand*«, sondern aus kürzester Entfernung, »*genau*« und in allen »*Einzelheiten*« (S. 541), zu studieren. So (körperlich) nah wie hier kommt er ihm nie mehr.

88. Firmensignet der Mailänder Maschinenfabrik »Officine Meccaniche Stigler«, die die Personenaufzüge im »Grand Hôtel des Bains« baute.

»*Als er nach beendeter Mahlzeit den Lift bestieg, drängte junges Volk […] ihm nach in das schwebende Kämmerchen, und auch Tadzio trat ein.*« (S. 540 f.)

89. Blick vom »Grand Hôtel Lido« auf die Lagune und einen zur Stadt fahrenden Dampfer, mit dem sich Aschenbach nach Venedig übersetzen läßt. Foto, nach 1910.

90. »*Er stieg aus bei San Marco…*« (S. 541): Ansichtskarte, um 1910.

91. Blick vom Markusdom zur Ala Napoleonica auf der Westseite der Piazza San Marco. Foto, um 1900.

92. »*…nahm den Tee auf dem Platze…*« (S. 541): Der Eingang des »Caffè Florian« unter den Arkaden der Procuratie Nuove, um 1910.

93. »*… und trat dann, seiner hiesigen Tagesordnung gemäß, einen Spaziergang durch die Straßen an.*« (S. 541) »Der Bogen unter dem Uhrturm geht auf eine enge dunkle Geschäftsstraße, die sehr belebt ist.« (Walter Benjamin, 1912) Ansichtskarte, um 1910.

94. Thomas Manns »stark hervorspringende Nase, [...] Rettungsanker aller seiner Karikaturisten« (Erika Mann). Zeichnung von Robert Grossmann, 1926.
Wie Aschenbach (und der nicht minder empfindliche Thomas Mann) fühlte sich so mancher Besucher durch *»die Gerüche«* belästigt, *»die aus Wohnungen, Läden, Garküchen quollen, [...] ohne sich zu zerstreuen.«* (S. 541): »Die ganze innere Stadt riecht nach Essen und Fett, [...] um so mehr als die penetranten Küchendünste in den engen Gassen wie in Korridoren festgehalten werden. [...] Meine Nerven sind bei den Gängen durch die innere Stadt immer in fast krankhafter Spannung; mir wird übel schon von dem Geruch des verbrannten Öls, das überall aus den weit offenen Fenstern, aus den in ganzer Breite geöffneten Erdgeschossen der Häuser in dichten Schwaden hervorquillt, und der sich mit den verschiedenartigsten Werkstatt- und Menschengerüchen mischt. Ich werde fast magenkrank nur vom Geruch Venedigs [...].« (Karl Scheffler, 1913)

Die hygienischen Verhältnisse Venedigs.

Von Dr. Carl Happich (früher Venedig).
Oberarzt im Sanatorium Hohe Mark bei Frankfurt a. M.

Vortrag, gehalten auf der IX. Deutschen ärztlichen Studienreise am 1. September 1909.

Meine Herren!

Nachdem Sie soeben von den klimatischen Vorzügen des Lido und Venedigs gehört haben, und man Ihnen berichtet hat, wie Kranke mancherlei Art, vor allem Nervöse und an Katarrhen leidende hier Heilung finden können, gestatten Sie mir Ihnen in kurzen Zügen ein Bild der hygienischen Schwierigkeiten der alten Dogenstadt zu geben, die infolge ihrer einzigartigen Bauart an die Stadtverwaltung seltene Anforderungen stellt.

8 Tage, macht sich aber in der Stadt selbst wegen der engen Callen wenig bemerkbar.

Meine Herren! Da wir eben die Lagune durchfahren und von der Luft Venedigs reden, so erlauben Sie mir hier einiges über die mal—aria in unserer Stadt einzuschieben; es läßt sich die Gegend vom Schiff aus gut demonstrieren und wir haben selten so günstige Gelegenheit, Malariaterrain in natura zeigen zu können.

Um die Resultate vorweg zu nehmen: in Vene-

95. Carl Happich: »Die hygienischen Verhältnisse Venedigs«. Ausschnitt aus einem Artikel in der »Zeitschrift für Balneologie, Klimatologie und Kurort-Hygiene«, 1910.

Die »*Gänge der Armen*«, in die Aschenbach sich verirrt, und die dortigen Kanäle mit ihren »*üblen Ausdünstungen*« (S. 542) kannte Thomas Mann wohl kaum aus eigener Anschauung (manche Venedig-Reisebücher enthielten um 1900 die ausdrückliche Warnung, den »Fremden, ja überhaupt jedem anständig Gekleideten« könne der Besuch bestimmter Elends-»Revier[e] [...] nach Eintritt der Dämmerung gefährlich werden«).

Die »zum Teil unglaublichen« Zustände in »den armen Stadtteilen« Venedigs – etwa der Gegend um das Arsenal (einer »Hauptstation und -werft der italienischen Kriegsmarine«) im »sestiere« Castello – hat der Mediziner Carl Happich 1910 beschrieben: von 425 untersuchten Wohnungen, in denen 2638 Menschen hausten, »funktionierte« nur in acht »alles normal«. »Einige Wohnungen bestanden nur aus einer Küche, andere wieder hatten eine solche nicht. [...] Nur 14% besaßen Leitungswasser, in 98% (417!) hatten die Aborte kein Wasser [...]. Von den 425 untersuchten Wohnungen waren 119 excessiv feucht und 340 starrten von Schmutz; dabei oft drei bis vier (Kinder) in einem Bett [...]. Viele Schlafräume hatten keine Fenster. [...] Alle Abwässer gehen in die Kanäle, alle Küchen- und Abortwässer.«

96. Rast an einem venezianischen Brunnen, an dessen »*Rande*« (S. 542) sich Aschenbach zur vorzeitigen Abreise aus Venedig entschließt. Ansichtskarte, um 1900.
Die Realien im »Tod in Venedig« haben fast immer eine symbolische Funktion, ähnlich wie in Georges Rodenbachs Roman »Das tote Brügge« (1892; deutsch 1903), dessen Protagonist »ein Gegenstück zu seiner Schwermut in den einsamen Kanälen« der Stadt findet (die französische Erstausgabe von »Bruges-la-Morte« war denn auch mit entsprechenden fotografischen Ansichten aus dem ›Venedig des Nordens‹ ausgestattet).
So markieren etwa die Zisternen, die zur – schon von zeitgenössischen Reiseführern hervorgehobenen – »besonderen Charakteristik« der Lagunenstadt gehören, in Manns »venezianischer Novelle« Grenz- und Schwellenerfahrungen: »*auf den Stufen*« (S. 588) eines Brunnens blickt Gustav von Aschenbach in den »Abgrund des Ichs« (Werner Frizen; siehe Abb. 156).

97. Reklametafeln der Glasfabrik Salviati & Co. am Palazzo Bernardo, um 1900.

Als Aschenbach sich mit einer Gondel zur Vaporetto-Station am Ponte della Paglia bringen läßt, fallen ihm große Firmenschilder an den Palastfassaden des Canal Grande ins Auge. Der Gondolier, »*der mit [...] Glasbläsereien im Bunde*« steht, versucht unablässig, »*ihn zu Besichtigung und Einkauf abzusetzen*« (S. 542).

98. Ansichtskarte, nach 1910.
»Ins Hotel zurückgekehrt, gab er noch vor dem Diner im Bureau die Erklärung ab, daß unvorhergesehene Umstände ihn nötigten, morgen früh abzureisen.« (S. 543)

> In Gasthöfen ersten Ranges erwarten wie bei uns vor allem Oberkellner, Portier und Hausdiener ein Trinkgeld (zusammen etwa 5-10%, bei kleinen Beträgen 10-15% der Rechnung), bei mehrtägigem Aufenthalt und bei besonderen Dienstleistungen auch das Stubenmädchen *(cameriera)*. In italienischen Häusern zweiten Ranges zahlt man dem Hausdiener *(facchino)* für den Tag ca. 30-40 c., mit schwerem Gepäck etwas mehr, Zimmerkellner oder Stubenmädchen erhalten ein Trinkgeld nur bei besonderer Inanspruchnahme. Die Restaurants (S. xxiii) haben hier meist besondere Kellner.

99. »*Er hielt dann Abreise, verteilte Trinkgelder...*« (S. 544): Ausschnitt aus dem Reisehandbuch »Baedekers Ober-Italien« (1911) mit Trinkgeld-Empfehlungen für »Gasthöfe ersten Ranges«.

Die Frage der angemessenen Entlohnung von »Bediensteten« beschäftigte Thomas Mann durchaus. So notierte er sich beispielsweise nach einem Kurzaufenthalt in der »Gala-Umgebung« des Düsseldorfer Parkhotels (1903), daß Portier, Zimmerkellner, Hausknecht und Lift-Boy zusammen 7,50 Mark erhielten, das Zimmermädchen wurde aus der Trinkgelderliste gestrichen.

100. *»... und verließ das Hotel zu Fuß, wie er gekommen, um sich [...] durch die [...] Allee quer über die Insel zur Dampferbrücke zu begeben.«* (S. 544): Fußgänger in der »Haupt-Allee« des Lido, um 1910.

101. Die Dampferbrücke beim »Grand Hôtel Lido«, um 1910. *»Er erreicht sie, er nimmt Platz, – und was folgte, war eine Leidensfahrt, kummervoll, durch alle Tiefen der Reue.«* (S. 544)

102. Der Canal Grande mit der Kirche Santa Maria della Salute. Foto, um 1910.

103. Blick von der Kirche Santa Maria della Salute »*den großen Kanal hinauf.*« (S. 545) Foto, um 1910.

104. »*...des Rialto prächtig gespannter Marmorbogen ...*« (S. 545). Foto, um 1910.
Dem »Charm of Venice« (dies der Titel einer von Alfred H. Hyatt 1912 in London herausgegebenen Anthologie) erlagen viele. Auch in Robert Brownings »Sonnet to Rawdon Brown« (1883) gibt es, worauf unabhängig voneinander Giulio Zorzanello (1996) und Martin Garrett (2001) im Zusammenhang mit Thomas Manns Erzählung hingewiesen haben, für den Titelhelden kein Entkommen: weil er von der Lagunenstadt nicht lassen kann, ändert er auf dem Weg zum Bahnhof seine Reisepläne und bleibt in Venedig bis zu seinem Tod.

105. Der Bahnhof (links), von dem aus Aschenbach in ein Seebad bei Triest – möglicherweise Abbazia an der »oesterreichischen Riviera« – zu fahren beabsichtigt: Er will Venedig gleichsam durch die »*Hintertür*« verlassen (siehe S. 62). Die Schnellzugverbindung zwischen Venedig und Triest wurde in zeitgenössischen Reiseführern als »landschaftlich wenig anziehend« bezeichnet (Ansichtskarte, um 1910).

Kurz vor der Abfahrt muß Aschenbach feststellen, daß ihm sein großer Koffer abhanden gekommen ist: Zusammen mit anderem Gepäck wurde er »*in völlig falsche Richtung geleitet*« (S. 546).

In ihren »Ungeschriebenen Memoiren« berichtet Katia Mann, daß während der Italien-Reise 1911 tatsächlich ein Koffer »verlorengegangen« sei – es war jedoch nicht der Thomas Manns, sondern der seines Bruders Heinrich, »der auch mit von der Partie war«.

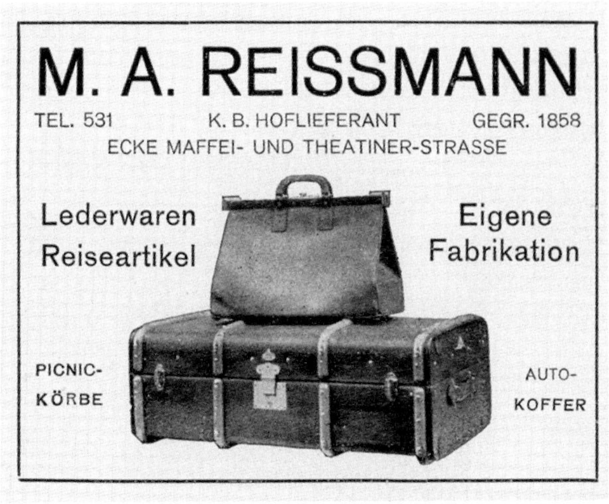

106. Werbeannonce der Münchner Firma Reißmann, 1911. Thomas und Katia Mann waren Kunden des Lederwarenherstellers; Gustav von Aschenbach hätte seine Reiseartikel wohl ebenfalls bei dem Königlich Bayerischen Hoflieferanten gekauft.

107. Die »*betonierten Wände des schmalen Kanals, der durch die Insel zum Hotel Excelsior gelegt ist.*« (S. 547): Foto, nach 1910.

108. Das »*kleine eilfertige Fahrzeug*« (S. 547), in dem sich Aschenbach zum Lido zurückbringen läßt: ein »*Motorboot der Gesellschaft*«, der ›Società dei Bagni di Lido‹, vor dem Hotel »Excelsior Palace« (rechts). 1911 verkehrte dieser »Lido-Express [...] vom April bis Oktober 7mal tägl. zwischen [...] dem Bahnhof [...] und dem Excelsior Palace« (Baedeker). Eine Fahrt dauerte 30 Minuten und kostete 2 Lire.

109. »*Ein automobiler Omnibus erwartete dort den Wiederkehrenden und führte ihn oberhalb des gekräuselten Meeres auf geradem Wege zum Bäder-Hotel.*« (S. 547): Foto, um 1911. Den »Motoromnibus«, der vom »Excelsior Palace« zu den »übrigen Gasthöfen fuhr«, benutzten Thomas und Katia Mann auch bei ihrem Lido-Aufenthalt Ende Juli 1934 (siehe S. 238).

110. Blick vom Gran Viale a Mare (aus Richtung des »Excelsior Palace«) auf das »Grand Hôtel des Bains«, um 1911. Nach seinem gescheiterten Fluchtversuch bezieht Aschenbach wieder ein Zimmer mit Meerblick im zweiten Stock. Auch das Fenster, von dem aus er wie aus einer Theaterloge Tadzio am Strand beobachtet, ist ein Schwellensymbol: seine »Leidenschaft«, an der er »körperlich und seelisch zugrunde geht«, ist »*unüberwindlich*«, der schöne Knabe bleibt für ihn unerreichbar (Thomas Mann, 1913; Hervorhebung von mir, R.P.).

111. »Hinausschauen [...] und den Tag verträumen« (Hermann Bahr): Blick auf den Strand. Foto, nach 1910.

112. »Ich bleibe nur noch 6 Tage hier!«: Ansichtskarte, um 1910.
»*Segeltücher*« waren »*vor den Strandhütten ausgespannt, und auf dem scharf umgrenzten Schattenfleck, den sie boten, verbrachte man die Vormittagsstunden.*« (S. 549)

113. Am Strand. Ansichtskarte, um 1910.
»Der wohlige Gleichtakt dieses Daseins hatte ihn […] in seinen Bann gezogen […]. Welch ein Aufenthalt in der Tat, der die Reize eines gepflegten Badelebens an südlichem Strande mit der traulich bereiten Nähe der wunderlich-wundersamen Stadt verbindet! […] Nur dieser Ort verzauberte ihn, entspannte sein Wollen, machte ihn glücklich.« (S. 550)

114. Blick auf die Adria. Ansichtskarte, um 1910.
»Manchmal vormittags, unter dem Schattentuch seiner Hütte, hinträumend über die Bläue des Südmeers, […] schien es ihm wohl, als sei er entrückt ins elysische Land, an die Grenzen der Erde, wo leichtestes Leben den Menschen beschert ist, wo nicht Schnee ist und Winter, noch Sturm und strömender Regen, sondern […] in seliger Muße die Tage verrinnen, mühelos, kampflos und ganz nur der Sonne und ihren Festen geweiht.« (S. 550)

115. Ein Vaporetto am Lido. Ansichtskarte, nach 1910.
Auf den »*kühlenden Wasserfahrten zur Stadt und von dort zurück*« (S. 550 f.) begegnen sich Aschenbach und Tadzio mehrmals, ohne je ein Wort miteinander zu wechseln.

116. Kinder am Lido. Ansichtskarte, 1913.
»[...] *dies lieblich nichtige, müßig unstete Leben, das Spiel war und Ruhe, ein Schlendern, Waten, Graben, Haschen, Lagern und Schwimmen ...*« (S. 552).
Am Strand erregt Tadzio »*von links kommend*« (S. 537 und S. 551) Aschenbachs Aufmerksamkeit – wie er auch auf der Hotelterrasse wiederholt »*über die linke Schulter*« (S. 572) zu ihm hinüberschaut: möglicherweise eine Anspielung auf Freuds »Traumdeutung«, in der die These des Psychoanalytikers Wilhelm Stekel diskutiert wird, daß »links das Unrecht, das Verbotene, die Sünde bedeutet«?

117. Kinder vor dem Grande Stabilimento Bagni. Kolorierte Ansichtskarte, um 1910.

»Dies ist das Paradies der Kinder, [...] der ganze [...] Strand ist ein einziges großes Königreich der Kinder. Denn eine Weisheit hat der Italiener vor allen anderen voraus: daß das Kind wichtiger ist als Vater und Mutter, [...] nicht aber umgekehrt, wie dort im Norden, dort im Nebel noch immer einige wähnen. Von solchen nordischen, nebligen Eltern (ein paar irren auch hier, abschreckend, unter der lachenden Sonne herum) wird ihren armen Würmern den ganzen Tag vorgepenzt [*penzen*, österreichisch: ins Gewissen reden, R.P.]: Du bist nicht die Hauptperson!, stör' den Papa nicht, man gönnt euch ja ein Vergnügen, dafür müßt ihr nun aber auch artig sein! Während diese herrlichen Italiener Gott danken, daß er ihnen erlaubt, in ihren Kindern wieder jung zu sein [...] und mit ihren Kindern sich im heißen Sand zu wälzen, [...] sich zu haschen, sich zu balgen, [...] oder auch dann, wenn die Kinder endlich müd vom Wind und Wasser sind, stundenlang ganz still zu liegen [...].« (Hermann Bahr: »Lido«, 1909)

118. Ein Seepferdchen. Abbildung aus: »Der Naturfreund am Strande der Adria und des Mittelmeergebietes« (1910) von Prof. Dr. Carl I. Cori, Direktor der k.k. zoologischen Station in Triest. Aschenbach beobachtet Tadzio beim Sammeln von Seepferdchen, Muscheln, Quallen und *»seitlich laufenden Krebsen«* (S. 552). Die »in der Adria häufigste« Quallenart war »die violett gesäumte Wurzelqualle *Pilema pulmo*« (Adolf Steuer: »Biologisches Skizzenbuch für die Adria«, 1910).

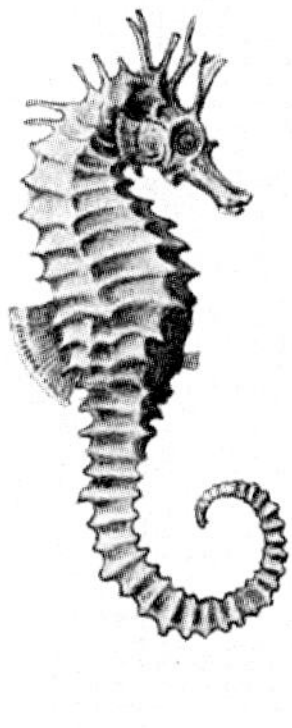

durch den Begeisterungslärm der jungen Leute im Stehparterre. In Wahrheit ist heute in der höheren Jugend viel Wagnerkritik, viel instinktives, wenn auch stummes Mißtrauen, ja, es muß gesagt werden, viel Gleichgiltigkeit gegen Wagner vorhanden. Und wie könnte es anders sein? Wagner ist neunzehntes Jahrhundert durch und durch, ja, er ist der repräsentative deutsche Künstler dieser Epoche, die vielleicht als groß und gewiß als unglückselig im Gedächtnis der Menschheit fortleben wird. Denke ich aber an das Meisterwerk des zwanzigsten Jahrhunderts, so schwebt mir etwas vor, was sich von dem Wagnerschen sehr wesentlich und, wie ich glaube, vorteilhaft unterscheidet, — irgend etwas ausnehmend Logisches, Formvolles und Klares, etwas zugleich Strenges und Heiteres, von nicht geringerer Willensspannung als jenes, aber von kühlerer, vornehmerer und selbst gesünderer Geistigkeit, etwas, das seine Größe nicht im Barock-Kolossalischen und seine Schönheit nicht im Rausche sucht, — eine neue Klassizität, dünkt mich, muß kommen. Aber noch immer, wenn unverhofft ein Klang, eine beziehungsvolle Wendung aus Wagners Werk mein Ohr trifft, erschrecke ich vor Freude, eine Art Heim- und Jugendweh kommt mich an, und wieder, wie einstmals, unterliegt mein Geist dem alten klugen und sinnigen, sehnsüchtigen und abgefeimten Zauber.

Lido-Venedig, Mai 1911.

119. Ergebnis der »Arbeit am Strande« (Notiz Thomas Manns zum »Tod in Venedig«): Schluß des Kurzessays »Auseinandersetzung mit Wagner«, der am Lido entstand – niedergeschrieben auf Papier mit dem Aufdruck »Grand Hôtel des Bains/Lido-Venise« – und im Juli 1911 in der »Sondernummer Bayreuth« der Wiener Zeitschrift »Der Merker« veröffentlicht wurde.

»*Eine Frage, eine Anregung, über ein gewisses großes und brennendes Problem der Kultur und des Geschmackes sich bekennend vernehmen zu lassen, war […] bei dem Verreisten eingelaufen. Der Gegenstand war ihm geläufig […].*« (S. 555)

In die Debatte über die »Feindschaft gegen Wagner« mischte sich nach Thomas Mann auch sein Schwager Klaus Pringsheim ein (»Vom modernen Wagnerproblem«, 1914).

120. Thomas Mann: Porträtskizze Tadzios (im verschollenen Manuskript der Erzählung), in dessen »*Angesicht*« Aschenbach »*an seinem Tische unter dem Schattentuch [...] seine kleine Abhandlung [...] formte*« (S. 556).
Die rasch hingeworfene Zeichnung befand sich »auf der Rückseite des vorhergehenden Bogens, der wohl links neben dem Dichter lag, während er an der neuen Seite schrieb« und den »Kopf des schönen Knaben schilderte« (Hermann Ungar, 1925). Neben dem Profil (S. 535: »*Schläfen und Ohr vom rechtwinklig* [!] *einspringenden Geringel des Haares [...] bedeckt*«) drei rechte Winkel, anhand deren sich der Autor Tadzios ›stufige‹ Haartracht veranschaulichte. Selbst die auffällige Schleife, die Wladyslaw Moes sogar am Strand trug, und sein langärmeliges Gewand scheinen mit einigen Federstrichen angedeutet zu sein (siehe Abb. 84 und Abb. 71).

121. »*Mehrmals […] saß er […] im Park, um Tadzio zuzuschauen […].*« (S. 569): Thomas Mann in Glücksburg an der Ostsee. Foto, 1919.
Im Sommer 1919, während seines zweiten Aufenthalts an der Flensburger Förde (siehe S. 117), ›verguckte‹ sich der Dichter in den blonden 17jährigen Sohn eines Hamburger Reeders.

122. Der »*gewalzte Kiesplatz*« des »Grand Hôtel des Bains« (S. 560), auf dem Tadzio Tennis spielt und von Aschenbach mit Wohlgefallen betrachtet wird. Ansichtskarte, nach 1900. Thomas Mann hatte eine ausgeprägte Vorliebe für Halbwüchsige in weißer Sportkleidung, die er sich bis ins hohe Alter bewahrte.

123. Blick auf den Vorgarten des »Grand Hôtel des Bains« (rechts hinten), um 1910.
Als Tadzio ihm eines Abends hier ein »Lächeln vor der Terrasse« schenkt (Arbeitsnotiz Thomas Manns, möglicherweise autobiographisch), ist es um Aschenbach geschehen: *hinten*, im »*Dunkel des rückwärtigen Parkes*« (S. 562), wird er von seinen Gefühlen für den schönen Knaben übermannt.

rechts **124.** Die »*stehende Formel der Sehnsucht*« (S. 562) in einem der bekanntesten Lieder Edvard Griegs, der zu den Lieblingskomponisten Thomas Manns gehörte (op. 5, Nr. 3, 1864). Neben Versen des Flaubert-Freundes Louis Bouilhet (»Tu n'as jamais été dans tes jours les plus rares / Qu'un banal instrument [...]«) trug er den Text dieses Liedes vermutlich 1896 in sein erstes Notizbuch ein (Verfasser: Hans Christian Andersen).

Ich liebe dich.

I love thee. — Je t'aime.

(H. C. Andersen)

Aus dem Dänischen ins Deutsche von F. von Holstein, ins Englische von L. David übersetzt.
Zweite Strophe des Gedichtes, sowie französische Übersetzung von Frank van der Stucken.

(Orig. C dur.)

Edvard Grieg.

Das Lied ist auch mit Orchester erschienen;
Orchesterbegleitung von Max Reger.

»So hübsch und belebend, ja schön und herzerhebend der Aufenthalt zu Anfang war, so trüb war er zuletzt: [...] die Cholera stand bei Danzig, und es war im Ganzen ein Graus. So machten wir kurzen Prozeß und reisten [...] früher [...] [ab].« (Thomas Mann: Brief an Ida Boy-Ed, 3. September 1905)

Bereits die ersten Cholera-Gerüchte aus Danzig, dem »nordischen Venedig«, müssen Thomas Mann, dessen Frau ihr erstes Kind erwartete, aufs höchste alarmiert und zum Abbruch des Urlaubs veranlaßt haben.

Ende August sperrten die Behörden die »krank aufgefundene« Besatzung eines russischen Weichselfloßes in Einlage (heute Jazowa) südöstlich von Danzig in »Isolierbaracken«. Ein achtzehnjähriger Flößer starb an der Cholera, die übrigen »Bazillenträger« schob man nach Rußland ab.

Auch im Danziger Hafen wurde ein Cholera-Fall registriert: In der Nacht vom 27. auf den 28. August brach ein Kahnschiffer auf offener Straße zusammen und wurde mitsamt Familie und Besatzung in der Seequarantäneanstalt Neufahrwasser (heute Nowy Port) »abgesondert«. Zwar konnten alle »ansteckungsverdächtigen Personen« nach einigen Tagen als »frei von Choleravibrionen« entlassen werden. Zu diesem Zeitpunkt waren aber viele Zoppoter Badegäste schon längst fluchtartig abgereist.

125. Der nur spärlich besuchte Strand beim Grande Stabilimento Bagni. Ansichtskarte, um 1911.
»*Einige die Außenwelt betreffende unheimliche Wahrnehmungen*« (S. 563), die Aschenbach in der vierten Woche seines Aufenthalts auf dem Lido macht, dürften auch auf Beobachtungen Thomas Manns im damals preußischen Ostseebad Zoppot (heute Sopot/Polen) nordwestlich von Danzig (Gdansk) zurückgehen, in dem seine Frau und er sich im Sommer 1905 erholten.

126. Die »von Tramwagen befahrene breite Avenue« des Lido. Ansichtskarte, 1910.
»Nachmittags fuhr Aschenbach […] nach Venedig; denn ihn

trieb die Manie, den polnischen Geschwistern zu folgen, die er mit ihrer Begleiterin den Weg zur Dampferbrücke hatte einschlagen sehen.« (S. 563)

127. Die Schattenseite der Piazza San Marco, vom (1902 eingestürzten und zwischen 1903 und 1912 wiederaufgebauten) Campanile aus gesehen. »Vollplastisch wirkendes« Stereoskop-Bild, um 1900.
Beim Tee, den Aschenbach auf der Schattenseite, also im »Caffè Florian«, zu sich nimmt, sticht ihm *»ein eigentümliches Arom«* (S. 563) in die Nase: Es ist der durchdringende Geruch von Karbolsäure, die als »vortreffliches Desinfektionsmittel« eingesetzt wurde. Den zunächst verwendeten Begriff »Carbolsäure« hat Thomas Mann übrigens an dieser Stelle im Manuskript gestrichen, er taucht in den Druckfassungen seiner Erzählung nicht auf.

128. Blick von der Ala Napoleonica zur Basilica di San Marco, deren »prachtvoll theatralische Fassade« Thomas Mann seit seinem ersten Venedig-Aufenthalt bewunderte (»Enttäuschung«, 1898). Foto, um 1910.
»Er [...] verließ den Platz auf der dem Tempel gegenüberliegenden Seite.« (S. 564)

I bollettini del colera sono letti con molto interesse all'estero.

129. »*An den Straßenecken hafteten gedruckte Anschläge […].*« (S. 564): Schnappschuß aus dem Jahre 1911 – Passanten lesen (auf dem Lido) »*beschönigende*« Bekanntmachungen der Behörden.

130. Blick von der Riva degli Schiavoni zur Vaporetto-Station am Ponte della Paglia. Foto, um 1910.
»*Auch auf dem Dampfer, der ihn zum Lido zurücktrug, spürte er jetzt den Geruch des keimbekämpfenden Mittels.*« (S. 564)

Wie sein erster Biograph Arthur Eloesser 1925 von ihm erfuhr, las Thomas Mann während seines Venedig-Aufenthalts im Mai 1911 zuerst »in österreichischen Zeitungen« – hauptsächlich wohl der Wiener »Neuen Freien Presse« –, »daß die Cholera in die Lagunenstadt eingerückt sei, trotz allen Vorsichtsmaßnahmen, die wie üblich von den Behörden noch mehr gegen die Ausbreitung des Gerüchts als gegen die Krankheit ergriffen worden waren.« (Die minuziöse Auswertung der *»Journale«*, aus denen Mann sich über die Cholera informierte, wird der Medizinhistoriker Thomas Rütten 2005 in einem Band der »Thomas-Mann-Studien« publizieren, herausgegeben von Thomas Sprecher.)
In *»den fremdsprachigen«* Blättern fand sich zunächst tatsächlich *»nichts«* darüber (S. 564): in den venezianischen Lokalzeitungen (»Gazzetta di Venezia«, »L'Adriatico«, »Giornale di Venezia« und anderen) wie in Teilen der überregionalen italienischen Presse wurde das, was über die Cholera »geheim geflüstert« wurde, offiziell lange Zeit »abgeleugnet« (so Max Brod, der 1911 mit seinem Freund Franz Kafka plante, »das Auftreten der Cholera« in Italien in einem gemeinsamen Roman literarisch zu verarbeiten). Auch der Zeitungsverleger James Gordon Bennett (1841-1918) ließ sich davon täuschen: nachdem er Anfang Juni 1911 mit seiner schneeweißen Yacht im Bacino di San Marco vor Anker gegangen war, telegraphierte er dem »New York Herald« – dessen Besitzer er war -, daß ›die Gesundheit Venedigs‹ nie besser gewesen sei als in diesen Tagen.

Die Cholera in Venedig. Es ist nun keinem Zweifel mehr unterworfen, daß in Venedig die Cholera herrscht, trotzdem die italienische Regierung offiziell bisher die Lagunenstadt nicht als cholerainfiziert erklärt hat. Auf Grund der Berichte des österreichisch-ungarischen Konsulates in Venedig sind bis jetzt 23 Cholerafälle daselbst vorgekommen. Seitens der italienischen Regierung wurde aber dem österreichisch-ungarischen Botschafter erklärt, daß sich in Venedig nur zwei Cholerafälle ereignet haben. Mag nun die eine oder andere Zahl richtig sein, an der Tatsache, daß in Venedig die Cholera herrscht, ist nicht zu deuteln und demzufolge sind sowohl von Seite Österreichs als auch Ungarns die nötigen Abwehrmaßregeln ins Werk gesetzt worden. Auch in der Nähe von Trient ist auf italienischem Gebiete in zwei Ortschaften je ein Fall von Cholera vorgekommen. Wie man der „Neuen Freien Presse" mitteilt, habe selbst die Ärztekammer in Venedig in ihrer schon am 31. Mai abgehaltenen Sitzung dem Bedauern Ausdruck gegeben, daß angesichts der herrschenden Choleraepidemie infolge Ungeschicklichkeit der Behörden die tatsächlichen Gesundheitsverhältnisse Venedigs verheimlicht werden.

131. Zusammenfassender Bericht der »Allgemeinen Wiener medizinischen Zeitung« (Nr. 24 vom Dienstag, dem 13. Juni 1911, S. 275) über die *»obrigkeitlich bemäntelten Vorgänge in den schmutzigen Gäßchen Venedigs«* (S. 565).

132. Die Vorhalle des Markusdoms, in der Aschenbach auf der Lauer liegt, um sich dem schönen Knaben an die Fersen zu heften. Tadzios Spaziergang führt ihn durch die Merceria, »die wichtigste Geschäftsstraße Venedigs« und »direkte Verbindung« zwischen Markusplatz und Rialtobrücke. Foto, nach 1910.

133. In einer Gondel. Foto, nach 1910.
»Irgendwo nahmen Tadzio und die Seinen dann wohl eine Gondel, und Aschenbach […] tat, kurz nachdem sie vom Ufer abgestoßen, ein Gleiches.« (S. 566)

»Der Ruf des Gondoliers, halb Warnung, halb Gruß, ward fernher aus der Stille des Labyrinths nach sonderbarer Übereinkunft beantwortet.« (S. 567)

»Eigentümlich sind die Zurufe der Gondelführer, bevor sie um eine Ecke biegen: *a-òel* (gib Obacht!), *sia stali* (halt an, weich nach rechts aus!), *sia premi* (halt an, weich nach links aus!), *sia di lungo* (fahr geradeaus!).« (»Baedekers Ober-Italien«, 1911)

134. Ein Gondoliere. Foto, um 1910.

Eine *zweideutige* Stadt hat Thomas Mann Venedig genannt und sich dabei auf den berühmten Venedig-Aufsatz von Georg Simmel (1907) bezogen, in dem es unter anderem heißt: »Zweideutig ist der Charakter dieser Plätze, die mit ihrer Wagenlosigkeit, ihrer engen, symmetrischen Umschlossenheit den Anschein von Zimmern annehmen, zweideutig in den engen Gassen das unausweichliche Sich-Zusammendrängen und Sich-Berühren der Menschen, das den Schein einer Vertrautheit und ›Gemütlichkeit‹ diesem Leben gibt, dem jede Spur von Gemüt fehlt; zweideutig das Doppelleben der Stadt, einmal als der Zusammenhang der Gassen, das andre Mal als der Zusammenhang der Kanäle, so daß sie weder dem Lande noch dem Wasser angehört [...]; zweideutig sind die kleinen, dunkeln Kanäle, deren Wasser sich so unruhig regt und strömt – aber ohne daß eine Richtung erkennbar wäre, in der es fließt, das sich immerzu bewegt, aber sich nirgends hinbewegt.«

Zweideutig sind im »Tod in Venedig« die Signalrufe des Gondoliers (*»halb Warnung, halb Gruß«*) ebenso wie die Erdbeeren, erotische Gaumenfreude (siehe S. 127) und Symbol der »Todeslockung« (Thomas Mann) zugleich (siehe S. 215). Zweideutig ist schließlich jene rätselhafte Pflanze, an der Aschenbach vorüberfährt: sie verströmt den Geruch von zweideutigen – bittersüßen – Mandeln und ist dennoch kein (rotblühender) Mandelbaum. Auch wenn die Blüten neues Leben zu verheißen scheinen: die Mandel ist ein Symbol der Vergänglichkeit.

135. »*Aus kleinen, hochliegenden Gärten hingen Blütendolden, […], nach Mandeln duftend […].*« (S. 567): Foto, um 1910.

»Das war Venedig, die schmeichlerische und verdächtige Schöne, – diese Stadt, halb Märchen, halb Fremdenfalle, in deren fauliger Luft die Kunst einst schwelgerisch aufwucherte und welche den Musikern Klänge eingab, die wiegen und buhlerisch einlullen. Dem Abenteuernden war es, als […] würde sein Ohr von solchen Melodien umworben […].« (S. 567)

Thomas Manns »musikbegeisterter« Schwiegervater Alfred Pringsheim (1850-1941) hatte »sein leidenschaftliches Wagnerianertum […] in der Verfassung von Klavierarrangements Wagnerscher Opernbruchstücke ausgedrückt« (Bruno Walter), die erst mit Ablauf der bis 30 Jahre nach dem Tod des Komponisten geltenden Schutzfrist veröffentlicht werden konnten: »vom 1. Januar 1914 an durften Wagners Werke […] ohne Zustimmung des Originalverlags oder Bayreuths in jeder Bearbeitung erscheinen« (Susanne Popp).

Bei Privatkonzerten in der Villa des Münchner Mathematik-Professors wurden Pringsheims Fassungen vermutlich schon Jahre zuvor vom Hausherrn »mit einem der Gäste, die zahlreich jeden Sonntag kamen, vierhändig auf zwei Klavieren« gespielt (Erika Mann).

136. »Langsam und schmachtend«: Vorspiel aus Wagners »Tristan und Isolde« in der Bearbeitung für zwei Klaviere zu vier Händen von Thomas Manns Schwiegervater Alfred Pringsheim, 1914.

Im Hotel läßt Aschenbach sich eines späten Abends dazu hinreißen, vor Tadzios Zimmer in der ersten Etage *»seine Stirn in völliger Trunkenheit«* an die Türangel zu lehnen (S. 568).

Die Szene an der Türschwelle ist angeregt durch Plutarchs Schrift »Über die Liebe«, aus der sich Thomas Mann die folgenden Zeilen (mit kleinen Abweichungen) abschrieb: »Raserei der Liebe. Wenn diese einmal einen Menschen wirklich ergriffen und durchglüht hat, dann ist [...] keine Veränderung des Ortes imstande, sie zu stillen. Ein solcher liebt den Gegenstand, der ihn entzündet, wenn er zugegen ist, und sehnt sich nach ihm, wenn er abwesend ist. Bei Tage verfolgt er ihn ohne Unterlaß, des Nachts wacht er vor dessen Tür.« Damit wird ein weiteres Mal ein Hauptmotiv der Erzählung variiert (siehe S. 114).

Von Schwelle zu Schwelle: wenn Aschenbach dem schönen Knaben in der Stadt nachstellt, muß er *sottoportici* durchschreiten – jene »engen Durchlasse« (Bruno Frank), die für Venedig so typisch und in Viscontis Film (etwa beim Rio Menuo) mehrmals zu sehen sind. Mit jedem Gang steigert sich seine »Entnervung« – bis zur »völligen Demoralisation« (Arbeitsnotiz Thomas Manns).

137. Ansichtskarte, um 1910.

Das Verwirrspiel der um Abwiegelung und Vertuschung bemühten offiziellen Stellen Venedigs und ihrer publizistischen Helfershelfer veranlaßte Karl Kraus zu bissigen Kommentaren in seiner Zeitschrift »Die Fackel«. So stellte er unter dem Titel »Ein Gschaftlhuber« am 8. Juli 1911 zwei Meldungen der »Neuen Freien Presse« einander gegenüber: »Im Morgenblatt: ›Hermann Bahr telegraphiert uns vom Lido: Den besorgten Anfragen unserer Freunde diene zur Antwort, daß ich nach zuverlässigen Erkundigungen fest überzeugt bin, daß in Venedig überhaupt kein Cholerafall vorgekommen ist.‹ Im Abendblatt: ›Am 1.d. [1. 6. 1911, R.P.] wurde von der Ärztekammer von Venedig eine ausführliche Mahnung an die Bevölkerung plakatiert, welche [...] direkt gegen die Behörden den Vorwurf erhebt, daß sie nicht nur der Allgemeinheit, sondern den Ärzten selbst die bisher zu ihrer Kenntnis gelangten Fälle verheimlichen ... Bis zum 5. d. 10 Todesfälle ... 40 Familien in Beobachtung, [...] Cholerafälle [...] nicht nur an Einheimischen, sondern auch an Fremden [...]‹.« Kraus: »Herr Bahr meints ja gut, aber er ist zu vielseitig. Da kann es ihm wirklich passieren, daß er, weil er eben nicht überall zugleich sein kann, ein paar Cholerafälle übersieht. [...] Die Freunde haben besorgt angefragt, und er ist fest überzeugt. Aber es gehört zum Wesen der Cholera, daß sie sich gegen alle bessere Überzeugung durchsetzt [...]. Herr Bahr hat Dalmatien entdeckt [sein Buch »Dalmatinische Reise« erschien 1909 bei S. Fischer, R.P.]. Ich bin nach zuverlässigen Erkundigungen fest überzeugt, daß es Dalmatien seit damals überhaupt nicht gibt.« (Nr. 326/ 327/328).

138. Das Innere des »Caffè Florian«, um 1910.
Wie Aschenbach versuchte Thomas Mann vermutlich bis zu seiner Abreise (2. Juni 1911) »*in den Kaffeehäusern der Stadt*« aus der »*heimatlichen*« Presse »*Neues und Sicheres über Stand und Fortschritt*« der Cholera in Venedig »*zu erfahren*« (S. 569). Außer dem »Florian« (»viele Zeitungen«) wird er auch das Café Giacomuzzi in der Calle Vallaresso N° 1337 aufgesucht haben, in dem besonders »deutsche Zeitungen« zu finden waren.

139. »Hermann Bahr im Seebade am Lido bei Venedig«, 1912. »Da er [...] sowohl für Bayreuth wie für den Lido arbeitet, so hat seine Gestalt wie von selbst Wotan-Formen angenommen«, spottete Karl Kraus in der »Fackel« (Nr. 354/355/356, 29. August 1912) über die »entzückende Aufnahme« des »Meergreises«, die er unter dem Titel »Ein gut erhaltener Fünfziger« in seiner Zeitschrift nachdruckte (»Die Fackel«, Nr. 381/382/383, 19. September 1913). »Ich glaube, daß das geistige Bild einer gestrandeten literarischen Existenz nicht besser als durch« ein solches Foto »im Schwimmkostüm herausgebracht werden kann [...].«

140. Karl Kraus (rechts, mit Peter Altenberg) am Lido, 1913. Seinen Lieblingsfeind Hermann Bahr hat der Satiriker immer wieder auch wegen dessen Verharmlosung der Choleragefahr in Venedig attackiert: »[…] die Hoteliers vom Lido wissen, an wen sie sich zu wenden haben, wenn die Ärztekammer von Venedig das Vorhandensein der Cholera behaupten sollte.« (»Die Fackel«, Nr. 354/355/356, 29. August 1912)

THOMAS MANN: HOTELMUSIK

Eines Tages beim Frühstück im großen Speisesaal stellte Aschenbach den Geschäftsführer zur Rede, jenen kleinen, leise auftretenden Menschen im französischen Gehrock, der sich grüßend und beaufsichtigend zwischen den Speisenden bewegte und auch an Aschenbachs Tischchen zu einigen Plauderworten halt machte. Warum man denn eigentlich, fragte der Gast in lässiger und beiläufiger Weise, warum in aller Welt man seit einiger Zeit Venedig desinfiziere? — „Es handelt sich," antwortete der Schleicher, „um eine Maßnahme der Polizei, bestimmt, allerlei Unzuträglichkeiten oder Störungen der öffentlichen Gesundheit, welche durch die brütende und ausnehmend warme Witterung erzeugt werden möchten, pflichtgemäß und bei Zeiten hintanzuhalten." — „Die Polizei ist zu loben," erwiderte Aschenbach; und nach Austausch einiger meteorologischer Bemerkungen empfahl sich der Manager.

141. Thomas Mann: »Hotelmusik«. Auszug aus »Der Tod in Venedig«, erschienen in dem Almanach »Das 27. Jahr« des S. Fischer-Verlags, 1913.

Aschenbachs Gespräch mit dem Hotel-Manager über die »*brütende und ausnehmend warme Witterung*« (S. 570) hat einen realen Hintergrund: der Sommer 1911 war ein Jahrhundertsommer mit ungewöhnlich hohen Temperaturen – auch wenn die Höchstwerte in Venedig (35,5 °C) »lange nicht an die [...] in Deutschland und anderen Ländern des Kontinents gemessenen Hitzegrade [heranreichten].« (Johannes Werner, 1912)

142. Der Vorgarten und die Terrasse des »Grand Hôtel des Bains«, auf der Aschenbach »*an der Balustrade*« sitzt, um einem Quintett von »*Bettelvirtuosen*« (S. 570) zuzuhören. Ansichtskarte, nach 1900.

143. »*Er trat [...] vom Markusplatz in das dort gelegene englische Reisebureau ...*« (S. 577): das Reisebüro »Thos. Cook & Son«, Piazzetta dei Leoncini N° 289 (rechts im Parterre des »Hotel Bellevue«), um 1911.

144. »... *und nachdem er an der Kasse einiges Geld gewechselt, richtete er mit der Miene des mißtrauischen Fremden an den ihn bedienenden Clerk seine fatale Frage.*« (S. 577)
»Einwechselung und Verkauf fremder Geldsorten«: Werbeannonce des Reisebüros »Thos. Cook & Son« in Venedig, in dem selbstverständlich auch »deutsch gesprochen« wurde (Griebens Reiseführer »Venedig und Umgebung«, 1910-1911).

145. »Geh. Regierungsrath Prof. Dr. Robert Koch«, »Leiter der deutschen Cholera-Expedition« nach Indien, der »den Bacillus der Cholera [...] entdeckt hat«. Holzstich, 1884. Von den »Ufern des [...] Ganges« meldete die Leipziger »Illustrirte Zeitung« Nr. 2135 am 31. Mai 1884: »[...] so viel steht fest: der Choleraheim ist gefunden. Seine Gestalt, die Kommaform, ist bekannt gestellt und seine Herkunft aus stehenden Gewässern erwiesen worden.«

»Seit mehreren Jahren schon hatte die indische Cholera eine verstärkte Neigung zur Ausbreitung und Wanderung an den Tag gelegt. Erzeugt aus den warmen Morästen des Ganges-Deltas, […] hatte die Seuche […] ihre Schrecken bis Astrachan, ja selbst bis Moskau getragen. Aber während Europa zitterte, das Gespenst möchte von dort aus und zu Lande seinen Einzug halten, war es, von syrischen Kauffahrern übers Meer verschleppt, fast gleichzeitig in mehreren Mittelmeerhäfen aufgetaucht, hatte in Toulon […] sein Haupt erhoben, in Palermo und Neapel mehrfach seine Maske gezeigt […].« (S. 578; zu den erwähnten Stationen siehe die Karte S. 200 f.)

Kannte Thomas Mann die Berichte Robert Kochs über die Cholera-Expedition nach Indien (1884), die er im zweiten Band von dessen »Gesammelten Werken« (1912) hätte nachlesen können? Kochs Beschreibung des bengalischen Dschungels mit seiner »üppigen Vegetation« und »de[n] zahlreiche[n] Tiger[n]« hat ihn – so die Literaturwissenschaftlerin Laura Otis – möglicherweise zu Aschenbachs ›Vision‹ eines »*tropischen Sumpfgebiet[s]*« angeregt, »*feucht, üppig und ungeheuer*«, in dem »*zwischen den knotigen Rohrstämmen des Bambusdickichts die Lichter eines kauernden Tigers funkeln*« (S. 504).

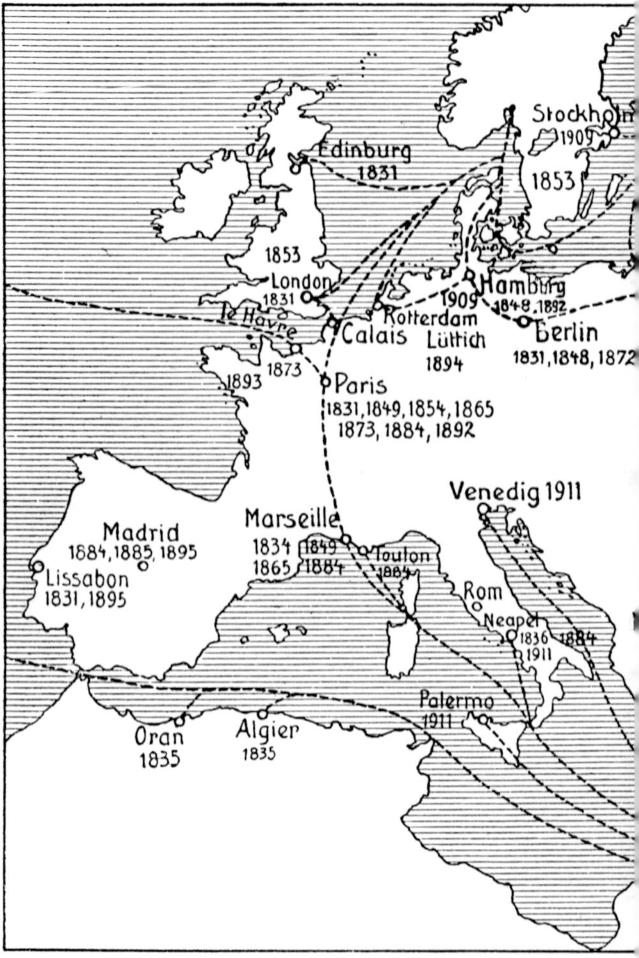

146. »Einbrüche der Cholera in Europa«: Karte zu dem Beitrag »Der Todeszug der asiatischen Cholera« in der Zeitschrift »Kosmos. Handweiser für Naturfreunde« (Stuttgart),

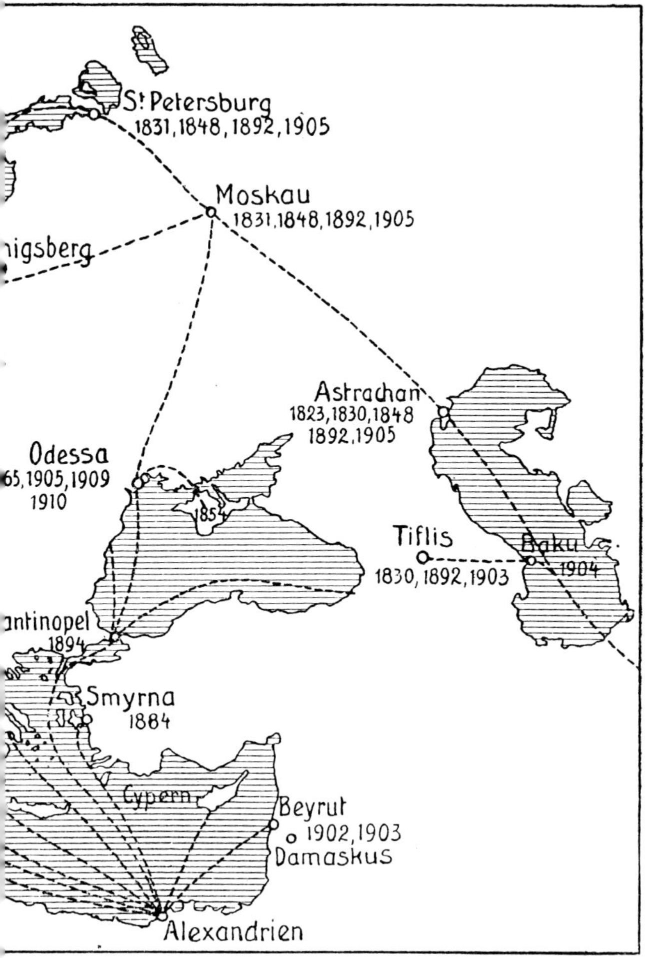

1911. Venedig, der Schwellenort zwischen Europa und Asien (siehe S. 8), wurde zum ›Einfallstor‹ der aus dem Osten kommenden »Seuche«.

»Ein Mann aus der österreichischen Provinz, der sich zu seinem Vergnügen einige Tage in Venedig aufgehalten, starb, in sein Heimatstädtchen zurückgekehrt, unter unzweideutigen Anzeichen, und so kam es, daß die ersten Gerüchte von der Heimsuchung der Lagunenstadt in deutsche Tagesblätter gelangten.« (S. 578)

Auch dieser Fall ist »einfach der Wirklichkeit abgenommen« (»Lebensabriß«, 1930). Ende Mai/Anfang Juni 1911 konnte Mann in der deutschsprachigen Presse lesen, daß »ein Postbeamter« aus Waltendorf bei Graz, »der seinen Urlaub in Venedig verbrachte und daselbst Austern und rohe Muscheln gegessen hatte«, nach seiner Rückkehr »am 23. Mai unter choleraverdächtigen Symptomen [erkrankt war]. Die bakteriologische Untersuchung der Dejekte« durch Prof. Dr. Wilhelm Prausnitz (1861-1933), den ›Vorstand‹ des Hygiene-Instituts der Universität Graz, »ergab unzweifelhaft Cholerabazillen. Die Provenienz der Krankheit« wurde »auf Venedig als Seuchenherd zurückgeführt.« (Zusammenfassender Bericht der »Allgemeinen Wiener medizinischen Zeitung« Nr. 23 vom 7. Juni 1911) Unmittelbar nach dem Tod des Postbeamten am 29. Mai 1911 wurde von der österreichischen Seesanitätsbehörde in Triest »die sanitäre Ueberwachung des Reiseverkehrs aus Venedig angeordnet und alle Vergnügungsfahrten dahin [...] suspendiert.« (Felix Pollak, 1912)

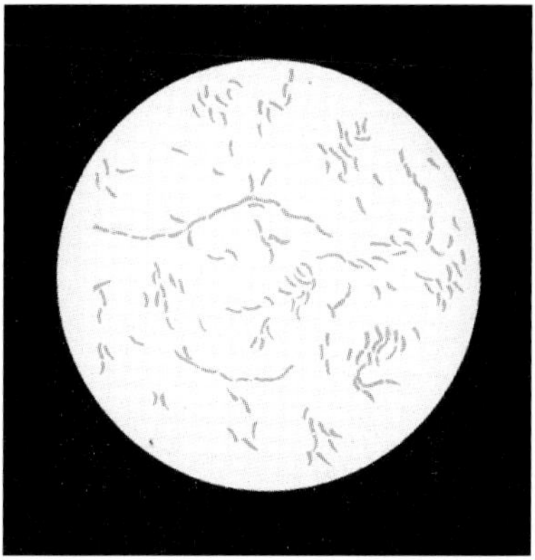

147. »Choleravibrionen« in 600facher Vergrößerung. Abbildung aus »Brockhaus' Kleinem Konversations-Lexikon« (1911), das Thomas Mann bei der Arbeit am »Tod in Venedig« benutzte.
Während der Bürgermeister von Venedig nicht müde wurde zu »versichern«, die Stadt sei »derzeit ganz cholerafrei«, hieß es hinter vorgehaltener Hand, »bis 2. Juni« – dem Tag, an dem die Manns abreisten und Aschenbach (einer Arbeitsnotiz zufolge) in der Lagunenstadt eintrifft – seien »gegen 300 Cholerafälle vorgekommen« (»Münchener Medizinische Wochenschrift«, No. 23, 6. Juni 1911; zu den tatsächlichen Zahlen siehe S. 204).

148. Das Ospedale Civile (ehemalige Scuola Grande di S. Marco) am Campo Santi Giovanni e Paolo, »das in nahezu 50 Sälen für 600 Kranke Raum hat« (Geuters Venedig-Führer, 1910).

»*Anfang Juni füllten sich in aller Stille die Isolierbaracken des Ospedale civico […].*« (S. 579)

Das erste Choleraopfer starb am 22. Mai, bis zum 16. Juni »zählten die venezianischen Behörden 52 Cholerafälle« und 15 weitere Tote. »Das Jahr 1911 verzeichnete in Venedig […] insgesamt 247 Cholerakranke, von denen 88 starben.« (Thomas Rütten)

Dem internationalen Publikum, das zur Hauptsaison auf der »Bäderinsel« erwartet wurde, sollte (Lido-)Sand in die Augen gestreut werden.

Karl Kraus am 30. September 1911 in der »Fackel« (Nr. 331/332): »Und es ward Sommer und in Venedig gab es viele, viele Cholerafälle. Da nahmen sie einen großen Haufen Geldes, die Hoteliers [...]. Und es erschienen ganzseitige Annoncen, in denen erzählt ward, daß Venedig die Königin der Adria, die von Poeten, von Musikern und von Malern begeistert gepriesene Schönheitskönigin der Adria [...], der Wallfahrtsort der schönheitsdurstigen Menschheit hat zu seinen vielen lockenden Reizen in den letzten Jahren einen neuen gewonnen, den Lido, vornehmsten, schönsten, beliebtesten, schwoll der Strom der Fremden an, [...] paradiesisch, Allheilmittel der gütigen Natur, Hermann Bahr, Lügengewebe, Mildenburg, eingehendste Erhebungen, [...] erlogene Alarmgerüchte, verleumderische Tatarennachrichten, Gesundheitszustand der glänzendste, [...] auf nach Venedig, auf zum Lido! – Und oben war ein Bild mit einem Gondolier. Und die Annoncen erschienen in denselben Blättern, welche die verleumderischen Tatarennachrichten und deren Bestätigung durch die venezianische Ärztekammer gebracht hatten [...].«

Die Desinformationskampagne wurde mit ungefähr 100 000 Lire aus dem »Spezialfonds« einer zu diesem Zweck gegründeten Vereinigung »La Pro Venezia« finanziert, an der die Aktiengesellschaft, die Eigentümerin aller großen Hotels auf dem Lido war, und die Stadt Venedig beteiligt waren.

Als 17jähriger Schüler des (Real-)Gymnasiums ›Katharineum‹ in Lübeck wurde »Tommy« Mann im Sommer 1892 Zeuge der Hamburger Cholera-Epidemie: »16956 Personen« erkrankten, »von denen 8605 starben« (Arbeitsnotiz zum »Tod in Venedig«).
»Wie unsere Stadt«, so der Direktor des Katharineums, Dr. Julius Schubring, 1893 in den gedruckten »Schulnachrichten«, »war auch unsere Schule im September durch die in der Nachbarstadt wütende Cholera bedroht.« Von »wenigen Einzelfällen abgesehen« (bis zum 5. 9. 1892 soll es sechs Erkrankungen gegeben haben, von denen eine tödlich endete), sei Lübeck zwar »von der Seuche verschont« geblieben, »aber die Nähe der Gefahr drückte nicht nur die Stimmung, sondern wirkte auch auf das Schulleben ungünstig ein. Es fehlten zeitweilig 100 Schüler, meist auswärtige.« Die »Choleragefahr« machte sich im Alltag bemerkbar: so durfte etwa auf dem Markt zeitweise kein Obst verkauft werden.
In der Lübecker Vorstadt St. Gertrud – dort, wo Thomas Mann 1875 »in einem Gartenhäuschen« (Arthur Eloesser, 1925) zur Welt kam – wurden so »tiefgreifende« hygienische »Mängel« festgestellt, daß der Vorsitzende der städtischen Gesundheitskommission »mit der Begründung, seine Furcht vor Ansteckung sei in Ansehung der Mißstände zu groß« (Dietrich Helm), *»entrüstet von seinem Posten zurück[trat]«* (S. 580).

149. Desinfektion eines aus Hamburg kommenden Reisenden. Holzstich, 1892.
»In vielen norddeutschen Städten kamen [...] einzelne, von Hamburg aus eingeschleppte Fälle vor [...] Jeder aus Hamburg Kommende wird [...] entweder beim Ueberschreiten der Grenze oder bei der Ankunft in der nächsten Stadt in eigens dafür bestimmten Räumen einer energischen Desinfektion unterzogen [...], während sein Gepäck durch überhitzte Wasserdämpfe von Cholerakeimen gereinigt, oder gründlich mit Karbollösung [siehe S. 174] bestäubt wird.«

Daß 1911 in Venedig »*Unmäßigkeit, Schamlosigkeit und wachsende Kriminalität*« (S. 580) zu beobachten waren, konnte bisher nicht belegt werden. Vermutlich übertrug Thomas Mann süditalienische Vorfälle auf den dortigen »*Ausnahmezustand*«. So sollen nach dem verheerenden Erdbeben im sizilianischen Messina (1908) »alle Bande der Ordnung gelöst« gewesen sein. »Alles liebte durcheinander. [...] zwischen den berstenden Mauern [...] feierte die Liebe ihre kühnsten Orgien. Es war der Rausch, der die Menschen überfällt, wenn sie die Nähe des Todes fühlen.« (Wilhelm Stekel). Aus Neapel berichtete Wilhelm Hörstel: »Als im Jahre 1910 das Blut des heiligen Januarius [des Schutzpatrons der Stadt, R.P.] in einer Weise flüssig wurde, die als glückverheißendes Orakel gilt, glaubte man, der Heilige verspreche damit seinen Neapolitanern seinen besonderen Schutz gegen die Cholera, und in heller Freude wurde gegessen und getrunken, getrunken und gegessen.« Als Folge dieser »Unmäßigkeit im Essen und Trinken«, so der römische Arzt Marco Almagià, »griff die Epidemie in solchem Maße um sich, daß während zwei bis drei Monaten etwa 100 Todesfälle täglich gezählt wurden.« Die »armen Leute« hatten »in großer Menge« infizierte Austern und Gemüse verzehrt (»Ueber den Verlauf der Choleraepidemie in Italien«. In: »Medizinische Klinik. Wochenschrift für praktische Ärzte« [Berlin], Nr. 9, 26. Februar 1911).

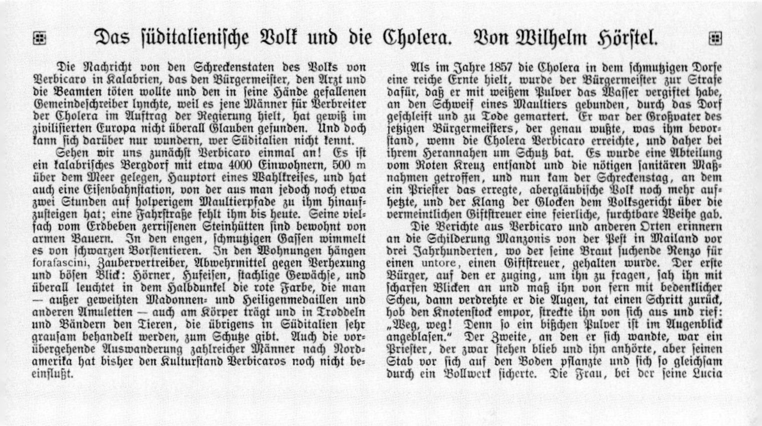

Das süditalienische Volk und die Cholera. Von Wilhelm Hörstel.

Die Nachricht von den Schreckenstaten des Volks von Verbicaro in Kalabrien, das den Bürgermeister, den Arzt und die Beamten töten wollte und den in seine Hände gefallenen Gemeindeschreiber lynchte, weil es jene Männer für Verbreiter der Cholera im Auftrag der Regierung hielt, hat gewiß im zivilisierten Europa nicht überall Glauben gefunden. Und doch kann sich darüber nur wundern, wer Süditalien nicht kennt.

Sehen wir uns zunächst Verbicaro einmal an! Es ist ein kalabrisches Bergdorf mit etwa 4000 Einwohnern, 500 m über dem Meer gelegen, Hauptort eines Wahlkreises, und hat auch eine Eisenbahnstation, von der aus man jedoch noch etwa zwei Stunden auf holperigem Maultierpfade zu ihm hinaufzusteigen hat; eine Fahrstraße fehlt ihm bis heute. Seine vielfach vom Erdbeben zerrissenen Steinhütten sind bewohnt von armen Bauern. In den engen, schmutzigen Gassen wimmelt es von schwarzen Borstentieren. In den Wohnungen hängen forafascini, Zaubervertreiber, Abwehrmittel gegen Verhexung und bösen Blick: Hörner, Hufeisen, stachlige Gewächse, und überall leuchtet in dem Halbdunkel die rote Farbe, die man – außer geweihten Madonnen- und Heiligenmedaillen und anderen Amuletten – auch am Körper trägt und in Troddeln und Bändern den Tieren, die übrigens in Süditalien sehr grausam behandelt werden, zum Schutze gibt. Auch die vorübergehende Auswanderung zahlreicher Männer nach Nordamerika hat bisher den Kulturstand Verbicaros noch nicht beeinflußt.

Als im Jahre 1857 die Cholera in dem schmutzigen Dorfe eine reiche Ernte hielt, wurde der Bürgermeister zur Strafe dafür, daß er mit weißem Pulver das Wasser vergiftet habe, an den Schweif eines Maultiers gebunden, durch das Dorf geschleift und zu Tode gemartert. Er war der Großvater des jetzigen Bürgermeisters, der genau wußte, was ihm bevorstand, wenn die Cholera Verbicaro erreichte, und daher bei ihrem Herannahen um Schutz bat. Es wurde eine Abteilung vom Roten Kreuz entsandt und die nötigen sanitären Maßnahmen getroffen, und nun kam der Schreckenstag, an dem ein Priester das erregte, abergläubische Volk noch mehr aufhetzte, und der Klang der Glocken dem Volksgericht über die vermeintlichen Giftstreuer eine feierliche, furchtbare Weihe gab.

Die Berichte aus Verbicaro und anderen Orten erinnern an die Schilderung Manzonis von der Pest in Mailand vor drei Jahrhunderten, wo der seine Braut suchende Renzo für einen untore, einen Giftstreuer, gehalten wurde. Der erste Bürger, auf den er zuging, um ihn zu fragen, sah ihn mit scharfen Blicken an und maß ihn von fern mit bedenklicher Scheu, dann verdrehte er die Augen, tat einen Schritt zurück, hob den Knotenstock empor, streckte ihn von sich aus und rief: „Weg, weg! Denn so ein bißchen Pulver ist im Augenblick angeblasen." Der Zweite, an den er sich wandte, war ein Priester, der zwar stehen blieb und ihn anhörte, aber seinen Stab vor sich auf den Boden pflanzte und sich so gleichsam durch ein Bollwerk sicherte. Die Frau, bei der seine Lucia

150. »Das süditalienische Volk und die Cholera«: Artikel des Pastors und Reiseschriftstellers Wilhelm Hörstel in der Zeitschrift »Daheim«, 1911.
1911 kam es in Kalabrien zu Ausschreitungen: »weil von der Cholera fast ausschließlich die Armen befallen« wurden, hielt man »die Wohlhabenden« für ihre Urheber. Die Regierung, so glaubten viele, streue Giftpulver aus, »um die Zahl des armen Volkes zu vermindern. Es war daher ein unglückliches Zusammentreffen, daß der Cholera in diesem Jahre die Volkszählung vorangegangen war.« (Wilhelm Hörstel)

151. Blick von der Piazzetta dei Leoncini (vor dem Reisebüro »Thos. Cook & Son«) auf den Markusplatz. Ansichtskarte, um 1910.
»Aschenbach [...] verließ das Amt. Der Platz lag in sonnenloser Schwüle.« (S. 580)

152. Touristen beim Taubenfüttern auf dem Markusplatz, um 1910. Mais gab es »für 10 c[entesimi] dort zu kaufen« (K. Kinzel/E. Michaelis: »Wie reist man in Italien? Ein Buch zum Lust- und Planmachen«, [3]1910).
»Unwissende Fremde [...] standen [...] vor der Kirche und sahen zu, wie die Tiere, wimmelnd, flügelschlagend, einander verdrängend, nach den [...] dargebotenen Maiskörnern pickten.« (S. 580)

In Thomas Manns Erzählung ist der Frisiersalon des »Grand Hôtel des Bains« ein weiterer Schwellenort – hier wird Aschenbach kosmetisch verwandelt, hier läßt er sich zurechtmachen für das Rendezvous mit dem Tod – und ein Symbol des »buhlerischen Venedig« (Arbeitsnotiz Thomas Manns): In den venezianischen »Barbierstuben« wurden seit alters her Kontakte zwischen Homosexuellen angebahnt, sie waren »besonders beliebte« Treffpunkte »für die männliche Prostitution« (Iwan Bloch, 1912).

153. Werbeannoncen für Haarfärbemittel in einer italienischen Illustrierten (1911), die ›die Schönheit der Jugend‹ (»la [...] bellezza della gioventù«) versprechen.

»[...] er besuchte häufig den Coiffeur des Hauses.« (S. 585)

154. »[...] man denkt im Gassengewirr unwillkürlich an Cholera und Epidemie« (Karl Scheffler, 1913): Eine venezianische Calle. Foto, um 1900.
»Auf den Spuren des Schönen hatte Aschenbach sich eines Nachmittags in das innere Gewirr der kranken Stadt vertieft.« (S. 586)

155. Ein venezianisches Obstgeschäft. Ansichtskarte, um 1910.
»*Vor einem kleinen Gemüseladen kaufte er einige Früchte, Erdbeeren* [siehe S. 127], *überreife und weiche Ware, und aß im Gehen davon.*« (S. 587)
In Thomas Manns Arbeitsnotizen zum »Tod in Venedig« findet sich folgendes Exzerpt: »Ist unter den Erkrankten [...] ein Gemüsehändler [...], so können Kommabazillen [siehe S. 203] leicht die W[a]ren infizieren, wodurch Ausbruch [der Cholera, R.P.].«

156. Ein Campo in einem »ärmeren« Stadtteil. Foto, um 1910. *»Ein kleiner Platz, verlassen, verwunschen anmutend, öffnete sich vor ihm [...]. Auf den Stufen der Zisterne, inmitten des*

Ortes, ließ er sich niedersinken und lehnte den Kopf an das steinerne Rund.« (S. 587 f.)

157. Der verwaiste Lido. Foto, um 1911.
»Er […] ging zum Meere. Es war unwirtlich dort. […] Herbstlichkeit, Überlebtheit schien über dem einst so farbig belebten, nun fast verlassenen Lustorte zu liegen […].« (S. 590)

158. »*Ein photographischer Apparat [...] auf seinem [...] Stativ am Rande der See*« (S. 590) in der Nähe des »Grand Hôtel des Bains«, nach 1900.

Abermals blieb er zur Ausschau stehen. Und plötzlich, wie unter einer Erinnerung, einem Impuls, wandte er den Oberkörper, eine Hand in der Hüfte, in schöner Drehung aus seiner Grundpositur und blickte über die Schulter zum Ufer. Der Schauende dort saß, wie er einst gesessen, als zuerst, von jener Schwelle zurückgesandt, dieser dämmergraue Blick dem seinen begegnet war. Sein Haupt war an der Lehne des Stuhles langsam der Bewegung des draußen Schreitenden gefolgt; nun hob es sich, gleichsam dem Blicke entgegen, und sank auf die Brust, so daß seine Augen von unten sahen, indes sein Antlitz den schlaffen, innig versunkenen Ausdruck tiefen Schlummers zeigte. Ihm war aber, als ob der bleiche und liebliche Psychagog dort draußen ihm lächle, ihm winke; als ob er, die Hand aus der Hüfte lösend, hinausdeute, voranschwebe ins Verheißungsvoll-Ungeheure. Und, wie so oft, machte er sich auf, ihm zu folgen.

Minuten vergingen, bis man dem seitlich im Stuhle Hinabgesunkenen zu Hilfe eilte. Man brachte ihn auf sein Zimmer. Und noch desselben Tages empfing eine respektvoll erschütterte Welt die Nachricht von seinem Tode.

E n d e

159. Schluß der Erzählung »Der Tod in Venedig« in der ersten Buchausgabe des Verlags S. Fischer, 1913.
»Sein Tod sei eingetreten infolge einer unerwiderten Leidenschaft zu einem Knaben«, vermerkte Thomas Mann nach der Lektüre von Jacob Burckhardts »Cultur der Renaissance in Italien« im Notizbuch 7 (um 1901) über den Dichter Angelo Poliziano (1454-1494). Ob Aschenbach an der Cholera oder am gebrochenen Herzen stirbt, bleibt offen.

III. »Ich war zu Hause«: Thomas Mann und Venedig 1912-1955

»Ich ging an Bord in Venedig … Mein Gott, mit welcher Bewegung sah ich die geliebte Stadt wieder, nachdem ich sie dreizehn Jahre lang nur im Herzen getragen! […] Ich hörte wieder ihre Stille, das geheimnisvolle Anschlagen des Wassers an ihre schweigenden Paläste, ihre Todesvornehmheit umgab mich wieder. […] Die Gondolieri tauschten ihren Ruf. Ich war zu Hause …«

(Thomas Mann: »Unterwegs«, 1925)

Die Arbeit am »Tod in Venedig« galt nicht zuletzt der »Erledigung der Leidenschaften durch ihre Analyse« (diese kaum bekannte Äußerung Thomas Manns zitiert Ilse Reicke in ihrer 1915 gedruckten Dissertation »Das Dichten in psychologischer Betrachtung«). Der Dichter gab sich Rechenschaft über *»ehemalige Gefühle, frühe köstliche Drangsale des Herzens«*, die homoerotischen Empfindungen seiner Jugend, die *»nun sonderbar gewandelt zurückkehrten«* (S. 559). Dies geschah in einer Lebensphase, in der seine Frau monatelang krank und durch Kuraufenthalte von ihm getrennt war (in der Novelle ließ er Aschenbachs Gattin, wie Katia Mann ein *»Mädchen aus gelehrter Familie«* [S. 515], sterben). Mit ersten Vorbereitungen für den »Tod in Venedig« dürfte er bereits in der ersten Junihälfte 1911, sehr bald nach der Rückkehr vom Lido, begonnen haben. An eine ihm bekannte Russin richtete er »lange« vor dem 2. Juli eine Anfrage wegen des polnischen Vornamens, den er am Strand aufgeschnappt hatte. »Vielleicht haben Sie […] ›*Wladzio*‹ rufen hören«, antwortete sie ihm, »eine Abkürzung von *Wladyslaw* [siehe S. 110 f.]« – Tadzio/Tadeusz sei jedoch »viel schöner« (der Brief liegt den Arbeitsnotizen bei).
Das Manuskript der Erzählung wurde erst über ein Jahr später abgeschlossen. Sein Freund Hans von Hülsen, seit 1915 mit Ilse Reicke verheiratet, konnte sich erinnern, daß Mann ihm im August 1912 »an zwei Abenden hintereinander seine eben fertig gewordene Novelle […] aus der Handschrift vorlas.«

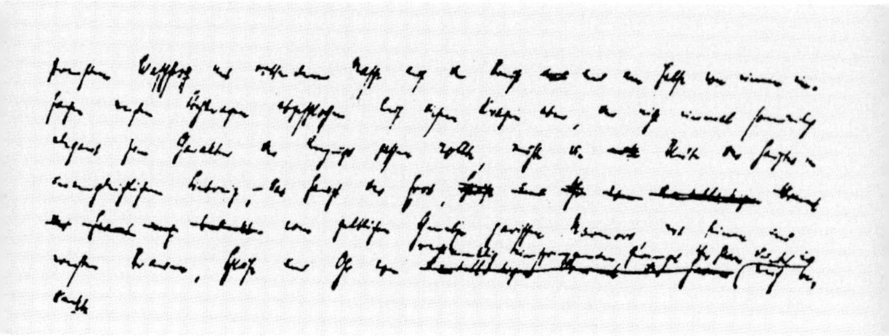

160. Faksimile-Ausschnitt aus dem seit 1933 verschollenen Manuskript der Erzählung »Der Tod in Venedig« (Beschreibung der Kleidung Tadzios im Dritten Kapitel): »[Der Knabe trug heute einen leichten Blusenanzug aus blau und weiß ge-] streiftem Waschstoff mit rothseidener Masche auf der Brust und am Halse von einem einfachen weißen Stehkragen abgeschlossen. [...]« Hermann Ungar, der 1925 in das Manuskript der Novelle Einsicht nehmen konnte, fiel auf, daß in ihm, »im Verhältnis zu Buddenbrooks und Zauberberg, die Streichungen und Verbesserungen häufiger« waren.

Tristan und Isolde

Von

Richard Wagner

Im Insel-Verlag zu Leipzig

161. Textbuch der Oper »Tristan und Isolde« von Richard Wagner in der »Insel-Bücherei« des Insel-Verlags, Leipzig 1913.

Er könne sich dem »sehnsüchtigen und abgefeimten Zauber« Wagners nicht entziehen, wenn er »einen Klang, eine beziehungsvolle Wendung« aus seinem Werk höre, schrieb Mann 1911 auf dem Lido (siehe S. 164). Aschenbachs Sterben am Strand ist deutlich beeinflußt vom ›Liebestod‹ vor einem »weiten Meereshorizont« im Dritten Akt der von Thomas Mann ganz besonders geschätzten Oper (siehe S. 24). Sie war dem Dichter nicht zuletzt durch die »einzig dastehende« Interpretation Felix Mottls, »des ›prädestinierten Tristandirigenten‹«, am Münchner Hof- und Nationaltheater wohlvertraut (»Richard Wagner-Jahrbuch«, 1912).

162. Felix Mottl, Schüler und Mitarbeiter Richard Wagners, »als Tristandirigent unübertroffen« (Annette Kolb, 1925). Foto, um 1911.
Am 2. Juli 1911, die Arbeit am »Tod in Venedig« hatte kaum begonnen, »*empfing eine respektvoll erschütterte Welt*« (S. 592) die Nachricht vom Tod des 54jährigen herzkranken Dirigenten, den Thomas Mann persönlich kannte. Während seiner hundertsten »Tristan«-Aufführung hatte er am 21. Juni einen akuten »Herzkrampf« erlitten, an seinem Sterbebett fand die Nottrauung mit Zdenka Faßbender statt, die an jenem verhängnisvollen Abend die Isolde gesungen hatte.

»Der Tod in Venedig« wurde 1912 im Oktober- und November-Heft der Zeitschrift »Die neue Rundschau« des S. Fischer-Verlags erstveröffentlicht (siehe S. 115). Daneben erschien, möglicherweise vermittelt durch Kurt Martens, im Münchner Hyperionverlag Hans von Weber eine bibliophile Ausgabe »für die Vereinigung der Hundert«, d. h. für einhundert Subskribenten. (Martens, ein Vetter des Verlegers, war es auch, der die Novelle 1913 in Webers Zeitschrift »Der Zwiebelfisch« rezensierte und als einer der ersten erkannte, daß die Topographie Venedigs die »seelischen« Erschütterungen »des Helden, der mit dem Dichter nahezu identisch ist«, »bedeutungsvoll [...] steigert«.)
In den Handel kam Manns Novelle im Frühjahr 1913 als Buch des S. Fischer-Verlags zum Preis von 2 Mark 50 (geheftet, im Halbpergament kostete der 145-Seiten-Band 3,50). Wer eines von 50 Vorzugsexemplaren, auf Büttenpapier gedruckt und vom Autor signiert, erwerben wollte, mußte 15 Mark bezahlen. Die Erstauflage von 8000 Exemplaren war sofort vergriffen, so daß im selben Jahr 10 000 Exemplare nachgedruckt werden mußten. Nach der Erinnerung von Ernst Rowohlt, der den »Tod in Venedig« als Hersteller betreute, ließ sich Manns Verleger Samuel Fischer auch von diesem Buch täglich »die Absatzstatistiken [...] vorlegen«. Als Thomas Mann 1925 nach vierzehn Jahren wieder Venedig besuchte (siehe S. 236), hatte die Novelle bereits die 59.-68. Auflage erreicht.

163. Der Schriftsteller Kurt Martens, ein enger Freund Thomas Manns, 1913. Er rühmte den »Tod in Venedig« als dessen »tiefstes und persönlichstes Werk. Erotik mit ›verdrängten Gefühlskomplexen‹ wird ganz ins schmerzhaft Geistige erhoben, derart daß der Autor des Buches, der sich mit dem großen Autor im Mittelpunkt der Handlung fast deckt, über den Hemmungen seines ästhetischen Gewissens nicht zum Erlebnis kommt und nur vom Tode erlöst werden kann.« (»Die Deutsche Literatur unsrer Zeit. In Charakteristiken und Proben«, 1921)

164. Thomas Manns Verleger Samuel Fischer am »warmen Lido«, 1913. »[...] hier scheint wirklich die Sonne«, begeisterte er sich am 16. August in einem Brief an einen Bekannten, »und schöne Frauen baden im Meer.«

165. Brigitte und Hedwig Fischer, die Tochter und die Ehefrau des Verlegers, am Lido, August 1913.
»[...] es ist einzig schön!« schwärmte der Schriftsteller Richard Beer-Hofmann am 3. August 1913 in einem Brief, der auf Briefpapier des »Grand Hôtel des Bains« geschrieben wurde, »wir haben uns bisher an Sonne, Licht, Luft und Wasser nur gefreut«. Außer den Fischers und dem Ehepaar Beer-Hofmann verbrachten auch Arthur Schnitzler und seine Frau, Peter Altenberg und der Schauspieler Alexander Moissi einen Teil der Sommerferien auf dem Lido.

1978 erinnerte sich Brigitte (»Tutti«) Fischer (1905-1991) an »jene strahlenden Augustwochen« des Jahres 1913 auf dem Lido, »an den breiten Sandstrand des ›Hôtel des Bains‹, der mit Badezelten und Liegestühlen sehr komfortabel hergerichtet war, und an die vielen Freunde – Beer-Hofmanns, Schnitzlers und Peter Altenberg –, die mit uns waren.« Die »Sommeridylle« wurde jäh zerstört, als ihr Bruder Gerhart, der »an der Adria an Typhus erkrankt« war, »schon in sehr schlechtem Zustand« in Venedig eintraf. Die entsetzten Eltern »beschlossen, sofort den Lido zu verlassen und nach Berlin heimzukehren. Die Nachtfahrt nach Venedig in der schwankenden Gondel mit dem Todkranken dauerte, wie mir schien, unendlich. [...] das plätschernde Eintauchen des langen Ruders und die langgedehnten unheimlichen Rufe der Gondoliere, die Angst in den Gesichtern meiner Eltern, all das hat sich in mich eingegraben seit dieser gespenstischen Nacht.« Gerhart Fischer, der kurz zuvor 19 Jahre alt geworden war, starb »nach zehn Tagen schrecklichen Leidens« am 9. September 1913.

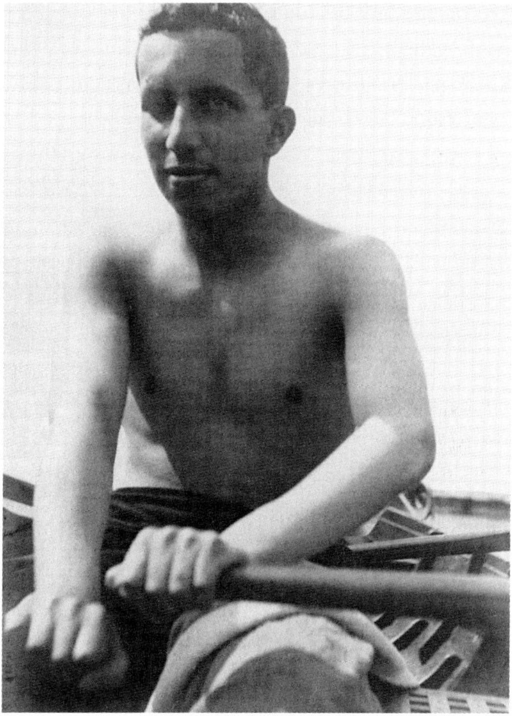

166. Gerhart Fischer, der einzige Sohn des Verlegers, um 1913.

»Ja, Du hast recht […], daß wir in Venezia gewissermaßen erst die Sehnsucht erkennen, die geheimnisvoll in uns schlummert. […] dieses Plätschern der Wellen, […] diese Rufe der Gondoliere wiegen uns immer wieder in Träume von der Vergangenheit. Man denkt […] an das entzückende Buch vom Tod in Venedig, von dem jetzt doch so viel geschrieben wird«, heißt es in einem der fiktiven Reisebriefe, die in Ludwig Thomas humoristischer Sammlung »Käsebiers Italienreise« (1914) die Fabrikanten-Gattin Mathilde Käsebier aus (Berlin-) Charlottenburg an ihre Freundin Frau Kommerzienrat Wilhelmine Liekefett in Neukölln schickt. Der Autor machte sich damit wohl auch über die aufkommende Mode lustig, Thomas Manns Novelle ›vor Ort‹, in Venedig, zu lesen: er habe sie, so Carl Busse 1913 in einer Besprechung, »in der Stadt gelesen, die ihr den […] Titel gegeben hat, und mir schien, sie könnte gar keinen besseren Schauplatz haben«.

167. Blick auf die Terrasse des »großen Badeetablissements«, wo »wir staunend, sprachlos stehen bleiben. Selten hat das Meer, das dräuend stürmende, einen solchen Eindruck auf mich gemacht wie hier. Kommt man aus dem heiteren Lagunenmeer, dem von Inseln und Schiffen bevölkerten, und sieht nun die unermeßliche Leere der blauen Wasserflut, [...] so ergreift uns die Wildheit der Naturkraft zugleich mit ihrer unendlichen Schönheit.« (Albert Zacher, 1912) Seit 1913 haben viele Touristen, die den Lido besuchen, Thomas Manns »Tod in Venedig« im Gepäck.

168. Der Psychoanalytiker Wilhelm Stekel schrieb 1925 über den »Tod in Venedig«: »Wohl kaum ist der Zustand eines im kritischen Alter stehenden Mannes, der sich seiner Homosexualität bewußt wird, treffender geschildert worden, als von Thomas Mann in seiner berühmten (offenbar autobiographischen) Novelle ›Der Tod in Venedig‹«.

Schon bald nach seiner Veröffentlichung erregte Thomas Manns »Meisterwerk« (Wilhelm Stekel) das Interesse von Psychoanalytikern, die »das Buch« als »die wertvollste Bestätigung« einiger ihrer Theorien schätzten (so Hanns Sachs 1914 in der Zeitschrift »Imago«). »Haben Sie zufällig die Novelle [...]: Der Tod in Venedig gelesen, die ich Ihnen sonst für Ihre Muße empfehlen möchte«, schrieb Ludwig Binswanger am 24. Juli 1913 an Sigmund Freud. »Es ist darin mit seltenem Geschick in seltener Wahrheit der Zusammenhang zwischen Reiselust, Eros und Todessehnsucht in einem alternden homosexuellen Mann geschildert.«

»Der Autor der Novelle«, so Eduard Hitschmann 1915 in der »Internationalen Zeitschrift für ärztliche Psychoanalyse«, »mag weder durch seine Lebensführung, noch sich selbst fragend, seine Bisexualität verraten. Dem Psychoanalytiker verrät er unzweifelhaft einen starken gleichgeschlechtlichen Anteil seiner Sexualität. Es ist hier schön zu sehen, wie dem Dichter sein Werk unbewusst dazu dient, unterdrückte Regungen, wenigstens in der Phantasie, zu befriedigen.«

169. Die Terrasse des Grande Stabilimento Bagni, auf der die Manns Tee tranken, 1925.

Als Thomas Mann im März 1925 von Venedig aus eine Mittelmeerreise unternahm, blieb ihm für einen Abstecher zum Lido keine Zeit. Den Schauplatz seines »Gefühlsabenteuers« von 1911 konnten er und seine Frau erst zwei Monate später besuchen: »Wir sind wieder da […] und beglückwünschen uns innig dazu. Herrliches Sommerwetter begünstigt das Wiedersehn.« (Thomas Mann: Ansichtskarte an Ernst Bertram. Lido-Venedig, 17. Mai 1925) Sie blieben bis zum 24. Mai 1925.

170. »Gegenüber der Landungsstelle S. Marco«: deutschsprachige Werbeannonce (1931) von »Harry's Bar«, San Marco N° 1323.

Im Mai 1932 fuhren Thomas Manns Kinder Erika und Klaus mit ihrer Freundin Annemarie Schwarzenbach nach Venedig, quartierten sich zunächst im Hotel Metropole (siehe S. 35), dann im »Des Bains« ein und gingen auf den Spuren des ›Zauberers‹ »viel zu Fuß in der Stadt herum« (Erika an Thomas Mann, 28. 5. 1932). Ob sie auf ihren abendlichen Streifzügen durch venezianische Bars auch das 1931 eröffnete »neueste Nachtlokal Venedigs« von Giuseppe Cipriani in der Calle Vallaresso entdeckten, das durch Ernest Hemingway legendär wurde, ist ungewiß.

171. Kofferaufkleber des »Grand Hôtel des Bains«, 1934. Zum letzten Mal reisten Thomas und Katia Mann in der zweiten Julihälfte des Jahres 1934 nach Venedig. »Es war wieder die Fahrt durch den Großen Kanal, die Piazzetta, der Palast, die Lagune, dann der Kanal zum Excelsior und der Omnisbus hierher [ins »Des Bains«, R.P.]. Man führte uns in ein geräumiges und hell ausgestattetes Doppelzimmer [...]. Wir [...] blickten [...] vom kleinen Löwenbalkon aufs leise rauschende Meer [...]. Manches hat sich verändert seit 23 und auch seit 9 Jahren. [...] Das braune Kirschholz der Möbel ist dasselbe, das im ›T[od] i[n] V[enedig]‹ beschrieben. [...] Unser Zimmer ist schön, im 4. Stock, mit weitem Blick [...] aufs Meer. Wir haben [...] am Strand eine Capanna für 30 Lire pro Tag gemietet, unter deren Schattendach, wie es im Buche steht, wir mehrere Vormittags- und die Mittagsstunde verbrachten. Ich las [...] und erprobte zwischendurch nach alter Art das Vergnügen an den Bildern eines soignierten Strandes. [...] Das Meer ist das schönste zum Baden, und die Nähe dieser Stadt etwas Einziges. Wir sind entschlossen, zurückzukehren.« (Thomas Mann: Tagebuchnotizen, 24. und 28. Juli 1934) Dazu kam es jedoch nie mehr. Thomas Mann starb 1955, ohne Venedig, die »aus komplexen

Gründen von je so sehr geliebte Stadt«, »und den Strand« noch einmal wiedergesehen zu haben (Brief an Ida Herz, 14. August 1934).

oben **172.** Thomas Mann, vor 1934.

Dank

Gianni Berlanda (Venedig), Bruno de Blasi (Marghera-Venedig) und Carlo Sopracordevole (Venedig) gewährten mir Zugang zu ihren Ansichtskarten-Sammlungen und stellten unverzichtbare Einzelstücke zur Verfügung.

Bei der Beschaffung von Fotos und ›printed ephemera‹ halfen mir des weiteren Ursula Abb (Amorbach), Anja Bayerl (Baden bei Wien), Michael Davidis (Deutsches Literaturarchiv Marbach a.N.), Sarah Dessì Schmid (Tübingen), Jochen Hafner (München) und Matthias Reiner (Suhrkamp Verlag, Frankfurt/M.).

Auskünfte und Materialien erhielt ich von Hartmut Binder (Ditzingen), Buddenbrookhaus. Heinrich-und-Thomas-Mann-Zentrum (Lübeck), Géza Damosy (Bonn), Peter Gendolla (Siegen), Rita Knobel-Ulrich (Drage), Daniela Marzo (Lyon), Eric Charles Merchie (Direktion des Hôtel des Bains, Venedig-Lido), Joachim Naager (München), Vera Negri Zamagni (Bologna), Karin Orthofer (Institut für Hygiene/Medizinische Universität Graz), Patrizia und Giorgio Pecorai (Venedig-Lido), Daniela Rippl (München), Thomas Rütten (Newcastle), Albert von Schirnding (Egling), Renata Sperandio (Rom), Thomas Mann Archiv (Zürich), Christfried Tögel (Uchtspringe) und Paolo Zanetti (Mailand).

Terence J. Reed (Oxford) und Roland Spahr (S. Fischer Verlag Frankfurt/M.) ermöglichten es mir, den Text der Erzählung »Der Tod in Venedig« nach der neuen »Großen kommentierten Frankfurter Ausgabe« (2004) zu zitieren. Der S. Fischer Verlag gestattete ferner die Wiedergabe aller übrigen Zitate aus den Gesammelten Werken, Tagebüchern und Briefen Thomas Manns.

Wie schon bei dem Band »Theodor W. Adorno: Kindheit in Amorbach. Bilder und Erinnerungen« (it 2923) war die Zusammenarbeit mit Elke Dörr, der Herstellerin beider Bücher, und Bernd Stiegler, meinem Lektor, sehr angenehm. Im Suhrkamp/Insel Verlag haben außerdem Rainer Weiss, Winfried Hörning, Gesine Dammel und Heike Ochs das Projekt von Anfang an mit Wohlwollen begleitet.

Allen Genannten, ganz besonders aber meiner Frau Ilona Pabst, danke ich sehr herzlich.

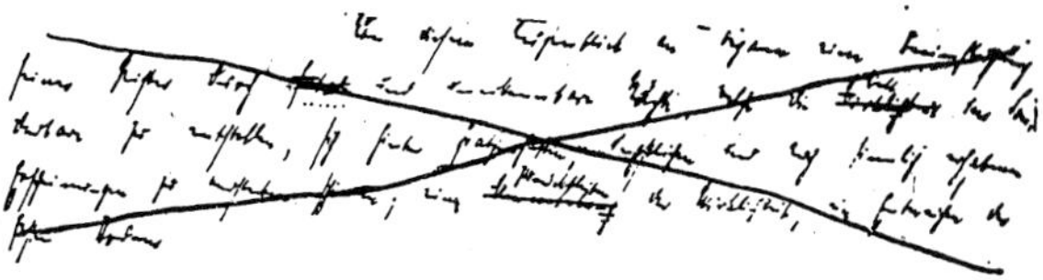

Faksimile-Ausschnitt aus dem verschollenen Manuskript der Erzählung »Der Tod in Venedig«

Literaturhinweise

1. Zitierte Werke von Thomas Mann

– Der Tod in Venedig (»Der Text wurde anhand der Ausgabe Berlin, S. Fischer Verlag 1913, neu durchgesehen«). Frankfurt/M. 1992 (16. Aufl. 2003)

– Der Tod in Venedig. Reprint der Ausgabe von 1912, erschienen im Hyperionverlag Hans von Weber, München. Mit Begleittexten v. Terence James Reed und Heinz Sarkowski. Frankfurt/M. 1998

– Frühe Erzählungen (1893-1912). Textband (S. 501- 592: Der Tod in Venedig). Hrsg. v. Terence J. Reed (Große kommentierte Frankfurter Ausgabe Bd. 2.1). Frankfurt/M. 2004

– Gesammelte Werke in dreizehn Bänden. Frankfurt/M. 1960-1974

– Über mich selbst. Autobiographische Schriften. Frankfurt/M. 2002

2. Thomas Mann: Briefe, Notizbücher, Tagebücher (Auswahl)

– Bürgin, Hans/Mayer, Hans-Otto (Hrsg.): Die Briefe Thomas Manns. Regesten und Register. 5 Bde. Frankfurt/M. 1982-1987

– Briefe an Paul Amann 1915-1952. Hrsg. v. Herbert Wegener. Lübeck 1959

– Thomas Mann an Ernst Bertram. Briefe aus den Jahren 1910-1955. Hrsg., kommentiert u. mit einem Nachwort versehen von Inge Jens. Pfullingen 1960

– Briefe 1889-1955. 3 Bde. Hrsg. v. Erika Mann. Frankfurt/M. 1961-1965

– Briefe 1889-1913. Text und Kommentar. Hrsg. v. Thomas Sprecher, Hans R. Vaget u. Cornelia Bernini (Große kommentierte Frankfurter Ausgabe Bd. 21). Frankfurt/M. 2001

– Notizbücher. 2 Bde. Hrsg. v. Hans Wysling u. Yvonne Schmidlin. Frankfurt/M. 1991

– Tagebücher 1918-1921 u. 1933-1934. 2 Bde. Hrsg. v. Peter de Mendelssohn. Frankfurt/M. 1979/1977

3. Über Thomas Mann (Auswahl)

Adair, Gilbert: Adzio und Tadzio. Wladyslaw Moes, Thomas Mann und Luchino Visconti: Der Tod in Venedig. Zürich 2002

Bahr, Ehrhard: Thomas Mann: Der Tod in Venedig. Erläuterungen und Dokumente. Stuttgart 1994 (S. 72-114: Thomas Manns Arbeitsnotizen zum »Tod in Venedig«)

Eloesser, Arthur: Thomas Mann. Sein Leben und sein Werk. Berlin 1925

Frizen, Werner: Thomas Mann: Der Tod in Venedig. Interpretation. München 1997 (2., überarb. u. korr. Aufl.)

Grieser, Dietmar: Venedig – der Nerven wegen. In: ders.: Sie haben wirklich gelebt. Von Effi Briest bis zu Herrn Karl, von Tewje bis James Bond. Wien/München 2001, S. 74-84

Hage, Volker: Tadzios schönes Geheimnis. In: Der Spiegel, Nr. 52, 21. Dezember 2002, S. 152-155

Heine, Gert/Schommer, Paul: Thomas Mann Chronik. Frankfurt/M. 2004

Jens, Inge und Walter: Frau Thomas Mann. Das Leben der Katharina Pringsheim. Reinbek b. Hamburg [2]2003

Koopmann, Helmut (Hrsg.): Thomas-Mann-Handbuch. Stuttgart 2001 (3., aktualisierte Aufl.)

Koopmann, Helmut: Faust reist an den Lido. In: Thomas Mann: »Der Tod in Venedig«. Wirklichkeit, Dichtung, Mythos. Hrsg. v. Frank Baron u. Gert Sautermeister. Lübeck 2003, S. 101-117

Kurzke, Hermann: Thomas Mann. Das Leben als Kunstwerk. München 1999

Mann, Erika: Mein Vater, der Zauberer. Hrsg. v. Irmela von der Lühe u. Uwe Naumann. Reinbek b. Hamburg 1996

Mann, Julia: Ich spreche so gern mit meinen Kindern. Erinnerungen, Skizzen, Briefwechsel mit Heinrich Mann. Hrsg. v. Rosemarie Eggert. Berlin/Weimar 1991

Mann, Katia: Meine ungeschriebenen Memoiren. Hrsg. v. Elisabeth Plessen u. Michael Mann. Frankfurt/M. 1976

Mendelssohn, Peter de: Der Zauberer. Das Leben des deutschen Schriftstellers Thomas Mann. 3 Bde. Frankfurt/M. 1997
Rütten, Thomas: Die Cholera im »Tod in Venedig«. Vortrag im Rahmen der 6. Davoser Literaturtage: »Liebe und Tod – in Venedig und anderswo«. Davos, 11. August 2004 (Typoskript)
Schirnding, Albert von: Thomas Mann, seine Schwiegereltern Pringsheim und Richard Wagner. In: Dirk Heißerer (Hrsg.): Themengewebe. Thomas Mann und die Musik. Zwei Vorträge von Albert von Schirnding und Joachim Kaiser. München 2001, S. 7-22
Shookman, Ellis: Thomas Mann's »Death in Venice«. A Novella and Its Critics. Rochester/Suffolk 2003
Ungar, Hermann: Was die Manuskripte des Dichters verraten. Ein Blick in die Werkstatt Thomas Manns. In: Die literarische Welt, Nr. 4, 30. Oktober 1925, S. 1 f. (wiederabgedruckt in: ders.: Sämtliche Werke in drei Bänden. Hrsg. v. Dieter Sudhoff. Bd. 3: Gedichte, Dramen, Feuilletons, Briefe. Oldenburg 2002, S. 227-240)
Vaget, Hans Rudolf (Hrsg.): Im Schatten Wagners. Thomas Mann über Richard Wagner. Texte und Zeugnisse 1895-1955. Frankfurt/M. 1999
Widmaier-Haag, Susanne: Es war das Lächeln des Narziß. Die Theorien der Psychoanalyse im Spiegel der literaturpsychologischen Interpretationen des »Tod in Venedig«. Würzburg 1999
Wysling, Hans (unter Mitarbeit v. Yvonne Schmidlin): Bild und Text bei Thomas Mann. Bern/München 1975
Wysling, Hans/Schmidlin, Yvonne (Hrsg.): Thomas Mann. Ein Leben in Bildern. Frankfurt/M. 1997
Zorzanello, Giulio: Ancora su D'Annunzio e Molmenti. Note su Maurice Barrès, Thomas Mann e il colera a Venezia nel 1911. In: Ateneo Veneto, anno CLXXXIII, 1996, S. 175-198

4. Über Venedig (Auswahl)

Baedeker, Karl (Bandbearbeiter: Friedrich Propping): Oberitalien [...]. Handbuch für Reisende. Achtzehnte Auflage. Leipzig 1911 (S. 303-376: Venedig)

Bahr, Hermann: Lido. In: ders.: Tagebuch. Berlin 1909, S. 213-220

Bahr-Mildenburg, Anna: Strandfiguren vom Lido. In: dies.: Erinnerungen. Wien/Berlin 1921, S. 113-119

Barth-Rom, Hans: Venedig. In: ders.: Osteria. Kulturgeschichtlicher Führer durch Italiens Schenken vom Gardasee bis Capri. Zweite Auflage, mit einer Vorrede von Gabriele d'Annunzio. Stuttgart 1911, S. 87-105

Bertram, Ernst: Venedig. In: ders.: Nietzsche. Versuch einer Mythologie. Berlin 1918, S. 261-270

Cook's handbook to Venice. London 1913

Cronaca di Lido-Venezia. Venezia 1912

Filippi, Luciano: Vecchie immagini di Venezia. 3 Bde. Venezia 1991-1993

Franck, Jacques: À l'Hôtel des Bains, au Lido. La mort à Venise ou le visage de la beauté. In: ders.: Des lieux, des écrivains. Tournai 2003, S. 149-160

Frank, Bruno: Ein Abenteuer in Venedig. Novelle. München 1919 (»Geschrieben 1910. Zum ersten Mal veröffentlicht 1911«)

Garrett, Martin: Venice. A cultural and literary companion. New York/Northampton 2001

Gazzetta balneare: rivista estiva settimanale d'arte, letteratura e sport – cronaca mondana. Venezia 1906-1909

Geuters Führer: Venedig und die Inseln der Umgebung. Achte Auflage. Leipzig 1910

Goebel-Schilling, Gerhard: Amors Venetiae. In: Italienisch. Zeitschrift für italienische Sprache und Literatur 1983, Heft 10, S. 12-24

Gsell Fels, [Theodor]: Venedig. Ein Städtebild (Bruckmann's illustrirte [!] Reiseführer, No. 2-5). Fünfte Auflage. München 1901

Hansjakob, Heinrich: In Italien. Reise-Erinnerungen. Zweite, umgearbeitete Auflage. Bd. 1. Stuttgart 1905 (S. 96 ff. über Venedig)

Hall, Doris M.: The Venice legend in German literature since 1880. London 1936 (Mikrofiche 1990)

[Happich, Carl:] Venedig-Lido (Mitteilungen aus Kurorten). In:

Zeitschrift für Balneologie, Klimatologie und Kurort-Hygiene, 1. Jg., Nr. 7, 1. Oktober 1908, S. 343 f.
Happich, Carl: Die hygienischen Verhältnisse Venedigs. In: Zeitschrift für Balneologie, Klimatologie und Kurort-Hygiene, III. Jg., Nr. 3, 1. Mai 1910, S. 73-77
Hutton, Laurence: Literary Landmarks of Venice. New York 1896
Ježower, Ignaz: Der poetische Cicerone. Städte und Länder in der Dichtung. Bd. 1: Venedig. Berlin 1908 (2. Aufl. [1910] unter dem Titel: Venezianische Nächte und Träume. Dichtungen)
Knobel-Ulrich, Rita: Menschen und Hotels: Hôtel Des Bains in Venedig. »Filmtext« (Typoskript) zur gleichnamigen Fernsehsendung des NDR. Hamburg 2001
Il lido di Venezia. Venezia 1902
Lucas, E[dward] V[errall]: A wanderer in Venice. London 1914
Marti, Fritz: Venezianische Eindrücke. In: ders.: Lichter und Funken. Ausgewählte Feuilletons. Zürich 1914, S. 31-44
Meredith, Don: Where the Tigers Were. Thomas Mann's Venice. In: ders.: Where the Tigers Were. Travels through Literary Landscapes. Columbia/South Carolina 2001, S. 102-110
Morand, Paul: Venises. Paris 1971
Moretti, Lino: Vecchie immagini di Venezia. Venezia 1982
Müller, Hans: Venezianischer Sommer. In: Neue Freie Presse [Wien], Nr. 17622, Morgenblatt, 14. September 1913
Naldi, Giovanna (Hrsg.): Omaggio a Venezia. Firenze 2002
Negri Zamagni, Vera: Un modello di turismo balneare de élite: il Lido di Venezia [18. Vorlesung der Vorlesungsreihe »Storia economica del turismo« auf 10 Videocassetten]. Bologna 1999
Norwich, John Julius: Paradise of cities. Venice in the 19th century. New York [u.a.] 2003
L'onda del Lido. Venezia 1911
Ongania, Ferdinando: Calli e canali di Venezia e delle isole della laguna. Venezia 1976
Ottmann, Viktor: Die Gondeln von Venedig. In: Die Woche [Berlin], 9. Jg., Nr. 17, 27. April 1907, S. 732-737

Pecorai, Giorgio: Appunti per una storia del Lido 1797-1912. Venezia 1983
Rejchan, Stanislaus: Auf dem Lido bei Venedig. In: Illustrirte [!] Zeitung [Leipzig und Berlin], 121. Bd., Nr. 3147, 22. Oktober 1903, S. 605 f.
Resini, Daniele (Hrsg.): Venezia Novecento: reale fotografia Giacomelli. Milano 1998
Rivista balneare: settimanale, illustrato della stazione balneare del Lido di Venezia. Venezia 1919
Rosen's illustrirte Reiseführer: Venedig mit Ausflügen nach den Inseln Lido, Torcello, Murano etc. Venedig 1905
Rossani, Annalisa: Lido Venise (1906). In: Lido di oggi – Lido di allora, n° 17, giugno 2001, S. 75-85
Salbe, Giampaolo: Storia di trasporti pubblici di Venezia – Mestre – Lido. Cortona 1985
Scheffler, Karl: Venedig. In: ders.: Italien. Tagebuch einer Reise. Leipzig 1913, S. 79-129
Schoener, R. (Bearb.): Gsell Fels' Oberitalien und Mittelitalien [...] in neuer Bearbeitung. (Meyers Reisebücher). Neunte Auflage. Leipzig/Wien 1912 (S. 44-103: Venedig)
Simmel, Georg: Venedig. In: Der Kunstwart [München], 20. Jg., 2. Juniheft, 1907, S. 299-303
Somma, Paola: L'attività di Raffaele Vivante al comune di Venezia nella prima metà del secolo. In: Storia urbana, N° 14, 1981, S. 213-231
Talenti, Achille: Come si crea una città. Il Lido di Venezia: la storia, la cronaca, la statistica. Padova 1921
Tausig, Viktor: Venezianischer Sommer. In: Österreichische Touristen-Zeitung, XXXIV. Bd., Nr. 16, 16. August 1914, S. 189-192
Triani, Giorgio u.a.: Lido e lidi. Società, moda, architettura e cultura balneare tra passato e futuro. Venezia 1989
Urban, Lina: Hôtel Des Bains. Un secolo di vita. Venezia 2000
Urban, Lina: The Hôtel Des Bains on the Golden Island. Venezia 2001

Vanzan Marchini, Nelli-Elena: Venezia. I piaceri dell'acqua. Venezia 1997
Vanzan Marchini, Nelli-Elena: Alle fonti del piacere: la civiltà termale e balneare fra cura e svago. Milano 1999
Venedig und Umgebung. Praktischer Reiseführer. Neu bearbeitet v. W. Schultz-Riesenberg (Griebens Reiseführer Bd. 106). Dritte Auflage. Berlin 1910-1911
Vogel, Julius: In der Stadt der Lagunen. Skizzen zu Goethes Aufenthalt in Venedig. Leipzig 1912
Werner, Johannes: Venedig und Lido als Klimakurort und Seebad vom Standpunkt des Arztes. Berlin 1912
Wyss, Beat: In einer anderen Welt. Ein Besuch in Venedigs legendärem Hotel »Des Bains«. In: Frankfurter Allgemeine Sonntagszeitung, Nr. 43, 26. Oktober 2003, S. V 1
Zacher, Albert: Venedig als Kunststätte. Berlin [3]1907
Zacher, Albert: Venedig. In: ders.: Italia incognita. Sommerfahrten eines römischen Journalisten. Frankfurt/M. 1912, S. 62-89
Zorzi, Alvise: Venezia ritrovata, 1895-1939. Milano 1995

5. Sonstiges

Aldrich, Robert: The seduction of the Mediterranean. Writing, art and homosexual fantasy. London 1993
Améry, Jean: Venezianische Zaubereien. Luchino Visconti und sein »Tod in Venedig«. In: Merkur. Deutsche Zeitschrift für europäisches Denken, XXV. Jg., Heft 8, August 1971, S. 808-812
Bäder-Almanach. Mitteilungen der Bäder, Luftkurorte und Heilanstalten in Deutschland, Oesterreich-Ungarn, der Schweiz und den angrenzenden Gebieten für Aerzte und Heilbedürftige. Elfte Auflage. Berlin 1910
Bahr, Hermann: Tagebücher Skizzenbücher Notizhefte. Bd. 4 (1904-1905). Hrsg. v. Moritz Csàky. Bearbeitet v. Lukas Mayerhofer u. Helene Zand. Wien [u.a.] 2000
Barker, Andrew: Telegrammstil der Seele. Peter Altenberg – Eine Biographie. Wien [u.a.] 1998

Bauditz, Sophus: H.C. Andersen. In: Die Grenzboten. Zeitschrift für Politik, Literatur und Kunst [Leipzig], 64. Jg., Viertes Vierteljahr, 1905, S. 23-32; S. 79-86

Beer-Hofmann, Richard: Briefe 1895-1945. Hrsg. u. kommentiert v. Alexander Košenina. Oldenburg 1999

Bloch, Iwan: Die Prostitution. Bd. 1. Berlin 1912

Bodenstedt, Friedrich: Erinnerungen aus meinem Leben. Bd. 2. Berlin [2]1890

Farina, Feruccio: Le Sirene dell' Adriatico 1850-1950. Riti e miti balneari nei manifesti pubblicitari. Milano 1995

Fischer, Brigitte B.: Sie schrieben mir oder was aus meinem Poesiealbum wurde. Zürich 1978

Freise, W.: Die Epidemiologie der asiatischen Cholera seit 1899 (VI. Pandemie). Leipzig 1913

Freud, Sigmund/Binswanger, Ludwig: Briefwechsel 1908-1938. Hrsg. v. Gerhard Fichtner. Frankfurt/M. 1992

Freud, Sigmund: Unser Herz zeigt nach dem Süden. Reisebriefe 1895-1923. Hrsg. v. Christfried Tögel unter Mitarbeit v. Michael Molnar. Berlin 2003

Galli, Prof.: Choleraepidemien von einst und jetzt. In: Münchener Medizinische Wochenschrift, 58. Jg, No. 47, 21. November 1911, S. 2525 f.

Gielen, Michael/Fiebig, Paul: Mahler im Gespräch. Die zehn Sinfonien. Stuttgart/Weimar 2002

Glasenapp, Carl Fr[iedrich]: Das Leben Richard Wagners. Bd. 6 (1877-1883). Leipzig 1911 [Reprint Walluf/Nendeln 1977]

Gradmann, Christoph: Das reisende Labor: Robert Koch erforscht die Cholera 1883/84. In: Medizinhistorisches Journal, Bd. 38, Heft 1, 2003, S. 35-56

Helm, Dietrich: Die Cholera in Lübeck. Epidemieprophylaxe und -bekämpfung im 19. Jahrhundert. Neumünster 1979

Hirschfeld, Magnus: Die Homosexualität des Mannes und des Weibes. Berlin 1914

Hülsen, Hans von: Zwillings-Seele. Denkwürdigkeiten aus einem Leben zwischen Kunst und Politik. München 1947

Kruft, Hanno-Walter: Die Wagnerbearbeitungen von Alfred Pringsheim. In: Bayerische Akademie der Schönen Künste. Jahrbuch 8, 1994, S. 157-164

Kupper, Daniel: Anselm Feuerbach. Reinbek b. Hamburg 1993

Martens, Kurt: Schonungslose Lebenschronik. Zweiter Teil (1901-1923). Wien [u.a.] 1924

Mendelssohn, Peter de: S. Fischer und sein Verlag. Frankfurt/M. 1970

Moll, Albert: Berühmte Homosexuelle (Grenzfragen des Nerven- und Seelenlebens, LXXV). Wiesbaden 1910

Nunberg, Herman/Federn, Ernst (Hrsg.): Protokolle der Wiener Psychoanalytischen Vereinigung. 4 Bde. Frankfurt/M. 1976-1981

Dall' Orto, Giovanni: »Marchette in gondola«. Il turismo omosessuale d'inizio Novecento nelle lettere di Frederick Rolfe (1860-1913). Milano 1999 (http://digilander.libero.it/giovannidallorto)

P., J.: Der Todeszug der asiatischen Cholera. In: Kosmos. Handweiser für Naturfreunde, Heft 11, 1911, S. 413-416

Paull, Hermann: Das Meer als Kurort. In: Nord und Süd. Eine deutsche Monatsschrift [Berlin], 32. Jg., Bd. 126, August 1908, Heft 377, S. 267-281

Pollak, Felix: Die Cholera im österreichischen Küstengebiete im Jahre 1911 und deren Abwehr im Seeverkehre. In: Wiener klinische Wochenschrift, XXV. Jg., Nr. 31, 1. August 1912, S. 1196-1201

Praetorius, Numa: Die Homosexualität in den romanischen Ländern. In: Sexual-Probleme. Zeitschrift für Sexualwissenschaft und Sexualpolitik. Hrsg. v. Max Marcuse, 5. Jg., 1909, S. 183-203

Praetorius, Numa: Die Homosexualität in Frankreich und Italien in den Jahren 1910, 1911, 1912. In: Jahrbuch für sexuelle Zwischenstufen mit besonderer Berücksichtigung der Homosexualität. Jg. XXI, Heft 1 u. 2, Januar u. April 1921, S. 67-71

Pringsheim, Klaus: [Erinnerungen an Gustav Mahler (Neue Zürcher Zeitung, 7.7. 1960)]. In: Norman Lebrecht (Hrsg.): Gustav

Mahler. Erinnerungen seiner Zeitgenossen. Mainz/München 1993, S. 185-190

Protest gegen »Tod in Venedig«. Der Schwager hält nicht viel davon [Aus einem Brief von Klaus Pringsheim an die Zeitung »Asahi Shimbun«/»Asahi Evening News«, Tokio, über den Film Luchino Viscontis]. In: Abendzeitung [München], 20./21. November 1971, S. 10

[Pringsheim, Klaus u.a.:] Protest gegen Mahler-Diffamierung [Offener Brief »an die Hersteller des Films ›Der Tod in Venedig‹«, unterzeichnet von Otto Klemperer, Erwin Ratz u.a.]. In: Österreichische Musikzeitschrift, 27. Jg., Heft 6, Juni 1972, S. 356 f.

Rodenbach, Georges: Das tote Brügge. Übertragen von Friedrich von Oppeln-Bronikowski. Leipzig 1913 (zuerst 1903; frz. Erstausgabe 1892) [Neuübersetzung von Dirk Hemjeoltmanns unter dem Titel »Brügge, tote Stadt«, Bremen 2003]

Sacerdote, A[malia]: Land und Leute in Italien (Langenscheidts Sachwörterbücher). Berlin ²1910

Schader, Brigitta: Die Cholera in der deutschen Literatur. Gräfelfing 1985

Schnitzler, Arthur: Tagebuch 1909-1912. Unter Mitwirkung von Peter Michael Braunwarth u. a. hrsg. v. d. Kommission für literarische Gebrauchsformen der Österreichischen Akademie der Wissenschaften. Wien 1981

Silberer, Herbert: Symbolik des Erwachens und Schwellensymbolik überhaupt [1911]. In: ders.: Über die Symbolbildung und andere psychoanalytische Schriften. Hrsg. u. mit einem Nachwort versehen v. Michael Turnheim. Wien 1988, S. 144-180

Snowden, Frank M.: Naples in the time of cholera, 1884-1911. Cambridge 1995

Specht, Richard: Gustav Mahler. Berlin/Leipzig 1913

Stefan, Paul: Gustav Mahler. Eine Studie über Persönlichkeit und Werk. Dritte Auflage (Neue, ergänzte und vermehrte Bearbeitung). München 1912

Sticker, Georg: Abhandlungen aus der Seuchengeschichte und Seuchenlehre. II.Bd.: Die Cholera. Gießen 1912

Wassermann, Jakob: Briefe an seine Braut und Gattin Julie 1900-1929. Basel 1940

6. Hörbücher

Thomas Mann: Der Tod in Venedig. Gelesen von Gert Westphal. Ungekürzt [Produktion: NDR, 1981]. 3 CD. Litraton Hamburg 1995

Thomas Mann: Der Tod in Venedig. Gelesen von Will Quadflieg. Gekürzte Textfassung. 2 CD. Deutsche Grammophon GmbH Hamburg 1985

Die Stimmen der Familie Mann in Originaltönen. Hrsg. v. Hans Sarkowicz. Eine Koproduktion mit dem Hessischen Rundfunk und dem Buddenbrookhaus Lübeck. 2 CD. Hörbuch Hamburg Verlag Margrit Osterwold 2001. [CD 1 enthält u. a. die Erinnerungen Katia Manns (1969) an den Aufenthalt in Venedig im Jahr 1911]

7. DVD und Video

DVD: Der Tod in Venedig. Die berühmte Geschichte eines vom Jugendwahn besessenen Mannes. Warner Bros. präsentiert einen Film von Luchino Visconti. (Mit einer zusätzlichen Dokumentation: »Visconti's Venice« [1971]). Warner Home Video Germany (Hamburg) 2004

VHS: Der Tod in Venedig. Warner Bros. präsentiert einen Film von Luchino Visconti. Warner Home Video GmbH 1998

Bildnachweis

Brigitte B. Fischer: Sie schrieben mir oder was aus meinem Poesiealbum wurde. Zürich 1978: Nr. 121
Bruno de Blasi (Marghera-Venezia): 122, 123
Carlo Sopracordevole (Venezia): 79, 81, 112
Deutsches Literaturarchiv (Marbach a.N.): 164, 165, 166
Dietmar Grieser (Wien): 84
Dorothea Ritter: Venedig in historischen Photographien 1841-1920. München [2]1995: 109
Eckhard Heftrich/Peter-Paul Schneider/Hans Wißkirchen (Hrsg.): Heinrich und Thomas Mann. Ihr Leben und Werk in Text und Bild. Katalog zur ständigen Ausstellung im Buddenbrookhaus der Hansestadt Lübeck. Lübeck 1994: 4
Friedrich Rauers: Kulturgeschichte der Gaststätte. Berlin 1941: 16
Gianni Berlanda (Venezia): 48, 86, 138, 155, 157
Giorgio Triani: Pelle di luna, pelle di sole. Nascita e storia della civiltà balneare 1700-1946. Venezia 1988: 78
Hans Edvard Nørregård-Nielsen: Quadri di viaggio dall' Italia di H.C. Andersen. Roma 1991: 15
Helmut M. Bien/Ulrich Giersch: Reisen in die große weite Welt. Die Kulturgeschichte des Hotels im Spiegel der Kofferaufkleber von 1900 bis 1960. Dortmund 1988: 171
Historisches Museum der Stadt Wien: 140
Italo Zannier (Hrsg.): Venice, the Naya Collection. Venice 1981: 158
Médiathèque musicale Mahler (Paris): 26
Österreichische Nationalbibliothek (Wien) : 139
Reinhard Pabst (Quellenweg 22, D-65520 Bad Camberg. E-Mail: ilorei.pabst@gmx.de): 1, 2, 3, 5, 6, 7, 8, 9, 10, 11, 12, 13, 14, 17, 18, 19, 20, 21, 22, 23, 24, 25, 28, 29, 30, 31, 32, 33, 34, 36, 37, 38, 39, 40, 41, 42, 43, 44, 45, 46, 47, 49, 50, 51, 52, 53, 54, 55, 56, 57, 58, 59, 60, 61, 62, 63, 64, 65, 66, 67, 68, 69, 71, 72, 73, 74, 75, 76, 77, 80, 82, 83, 85, 87, 88, 89, 90, 91, 93, 94, 96, 97, 98, 99, 100, 101, 102, 103, 104, 105, 106, 107, 108, 110, 111, 112, 113, 114, 115, 116, 117, 118, 120, 124, 125, 126, 127, 128, 129, 130, 132,

133, 134, 135, 136, 137, 141, 142, 143, 144, 145, 146, 147, 148, 149, 150, 151, 151, 152, 153, 154, , 156, 159, 160, 161, 162, 163, 167, 169, 170, 172; S. 39, 221, 241, 255

Renzo Renzi: Visconti segreto. Roma-Bari 1994: 73

Richard Buckle: Nijinsky. Herford 1987: 70

Stadt- und Universitätsbibliothek Frankfurt/M.: 92, 95, 119, 131, 168

Ullstein Bild (Berlin): 27

In Venedig, um 1934